Comer atentos

Comer atentos

Guía para redescubrir una relación sana con los alimentos

Prólogo de Jon Kabat-Zinn

Jan Chozen Bays, MD

Shambhala Español
Boston
2015

Shambhala Español
Una división de Shambhala Publications, Inc.
Horticultural Hall
300 Massachusetts Avenue
Boston, Massachusetts 02115
www.shambhala.com

Título original: *Mindful Eating*

Revisión del texto: Amelia Padilla
Fotocomposición: Grafime, Barcelona

9 8 7 6 5 4 3 2 1

Impreso en los Estados Unidos de América

♾Esta edición ha sido impresa en papel libre de ácido que cumple con la norma Z39.48 del Instituto Estadounidense de Normas Nacionales
♻Libro impreso al 30% en papel reciclado post consumo. Para mayor información por favor visitar www.shambhala.com.
Distribuido en los Estados Unidos por Penguin Random House LLC
y en Canadá por Random House of Canada Ltd

Datos del catálogo de publicaciones de la Biblioteca del Congreso:
Bays, Jan Chozen.
[Mindful eating. Spanish]
Comer atentos: guía para redescubrir una relación sana con los
alimentos / Jan Chozen Bays; prólogo de Jon Kabat-Zinn.
pages cm
ISBN 978-1-61180-222-1 (paperback)
1. Food habits—Psychological aspects. 2. Compulsive eating.
3. Mindfulness-based cognitive therapy. 4. Consciousness—Religious aspects—Buddhism. I. Kabat-Zinn, Jon, writer of introduction. II. Bays, Jan Chozen. Mindful eating. Translation of: III. Title.
TX357.B45518 2015
616.85'26—dc23
2014047610

Sumario

a mis padres, Bob y Jean Burgess, que me enseñaron a amar todas las clases de alimentos y que me transmitieron su comprensión instintiva de lo que es comer atentos. Mi padre halló una enorme mesa de productos dañados y rebajados, y pan de ayer, en el cielo, y espero que mamá pueda convencerle de que los ángeles solo comen los aguacates más caros y grandes.

A mi marido, que de manera natural está libre de todo deseo por la comida, excepto en lo tocante a café y queso. Su falta de emoción por los alimentos ha sido un antídoto maravilloso para mi pasión por ella.

Agradecimientos

Muchas gracias a todos los estudiantes que me han educado y divertido –y a los demás– durante nuestras clases y talleres de comer con atención. Y gracias especialmente a aquellos cuyas historias (nombres cambiados para proteger a los "culpables") aparecen incluidas en el libro.

A Freiderike Eishin Boissevain y Megrette Fletcher, cuyo entusiasmo acerca del potencial del comer con atención para aliviar el sufrimiento de sus pacientes me proporcionó claridad cuando perdí la perspectiva y me quedé atascada durante semanas frente a una pantalla de ordenador.

A Brian Wansink, que ha llevado a cabo los experimentos más retorcidos e ingeniosos a fin de proporcionar apoyo empírico a las intuiciones que tuvimos durante las clases de comer atentos. Aunque nunca lo conocí, me imagino a Brian, junto con sus investigadores ayudantes en su laboratorio en Cornell, palmeándose los muslos y riéndose de lo lindo mientras discutían una nueva idea acerca de otro experimento, y luego cayéndose al suelo muertos de risa y desternillándose al compartir los resultados.

También muchas gracias a Ajahn Amaro, del monasterio de Abhayagiri, que resolvió, con su característica ecuanimidad e irónico humor, mis muchas preguntas por correo electrónico acerca de fuentes en el canon Pali y sobre cómo comía el Buda.

A los editores de Shambhala Publications, que han tenido el valor de probar un tipo distinto de libro dhármico. Que vuestra fe sea recompensada, si no es aquí, con muchos puntos de mérito que puedan ser canjeados en el más allá.

Prólogo

«Ver un mundo en un grano de arena
y un cielo en una flor silvestre,
sostener el infinito en la palma de la mano
y la eternidad en una hora.»

William Blake

Resulta difícil pensar en otra función biológica más importante para el mantenimiento de nuestra vida aparte de la comida, pues, a diferencia de las plantas, nosotros no sintetizamos nuestro sustento a partir de la luz y el aire. Respirar sucede por sí mismo, gracias a Dios. Lo mismo sucede con dormir. Pero comer requiere cierta implicación deliberada por nuestra parte, bien al cultivar, cosechar, cazar, comprar, ir al restaurante, o a la hora de adquirir cierta variedad de alimentos que suelen requerir de cierta preparación y combinación por nuestra parte a fin de maximizar sus beneficios. Como mamíferos, contamos con una compleja red de circuitos en el sistema nervioso que hacen que nos sintamos motivados para hallar y consumir alimentos (hambre y sed) y saber cuándo esas necesidades se han satisfecho y el cuerpo ha obtenido lo que necesita por el momento para mantenerse durante un cierto tiempo (saciedad). No obstante, en la era postindustrial damos tan por sentado el hecho de comer que nos alimentamos con una enorme inconsciencia, cargando esa actividad con todo tipo de complicados énfasis psicológicos y emocionales que a veces oscurecen y distorsionan gravemente un aspecto tan sencillo, básico y milagroso de nuestras vidas. Incluso la cuestión de qué es realmente la comida ha adoptado un significado muy distinto en la era de los cultivos intensivos, el procesamiento industrial y la aparición continuada de nuevos "aperitivos" y "alimentos" que nuestros abuelos no reconocerían. Y a causa de la enorme y a veces obsesiva preocupación por la salud y la alimentación que surge en este "mundo feliz", también resulta muy fácil caer en cierto tipo de "nutricionismo",[1] que complica el poder disfrutar sencillamente de la comida y de todas las funciones sociales que giran alrededor de preparar, compartir y celebrar el milagro del sustento y la red de vida de la que formamos parte y de la que dependemos.

De manera análoga y por desgracia, en el mundo también abundan los estados mentales inconscientes, de adicción y autoengaño, que funcionan igualmente como destructores ocasionales de la cordura, el bienestar y de las relaciones auténticas a todos los niveles del cuerpo, la mente y el mundo. Cada uno de nosotros los sufre en uno u otro grado, y no solo en lo relativo a los alimentos y el comer, sino en muchos aspectos distintos de nuestras vidas. Forman parte de la condición humana, que tal vez se haya visto agravada en esta era de presiones y tensiones que inciden en nuestra cultura de permanente conectividad, hiperactividad deficitaria de atención y obsesionada con las celebridades. El lado positivo es que las presiones internas y externas que sufren nuestras mentes y cuerpos, y los sufrimientos que ocasionan esas influencias a veces malsanas, son reconocibles y pueden trabajarse deliberadamente para beneficio de cualquiera que esté dispuesto a emprender el cultivo –aunque solo sea una pizca– del *mindfulness* (atención plena) y la cordialidad. Este libro es una amable invitación para emprender esa cura, y un sabio guía para acompañarte en el viaje de toda una vida hacia tu propia integridad.

En ningún sitio pueden verse manifestados de manera tan patética y trágica esos elementos de la condición humana que llamamos inconsciencia, adicción y autoengaño como en los trastornos y patologías de nuestra relación con la comida y la alimentación. Esas patologías de desequilibrio son impulsadas en la propia sociedad por muchos y complejos factores. Por desgracia, se han ido convirtiendo en normas culturales que mantienen ciertos tipos específicos de autoengaño, obsesión y una preocupación infinita acerca de lo que pesa o deja de pesar el cuerpo. Se manifiestan como una incomodidad e insatisfacción constantes e intensas, aunque a veces sumergidas y disfrazadas, o bien compensadas en exceso respecto al aspecto del propio cuerpo y cómo nos sentimos interiormente. Esta insatisfacción permanente anida en las preocupaciones ordinarias acerca del propio aspecto, que se ve obligado, a causa de los deseos, a encajar en un modelo idealizado acerca de qué aspecto *deberíamos* tener y la impresión que la propia apariencia *debiera* producir en los demás. Todo ello conforma y deforma la autenticidad de la propia experiencia interior. Esta insatisfacción mental conduce a patologías asociadas con la imagen corporal, distorsiones acerca de cómo nos percibimos interna y externamente a nosotros mismos, y a profundas cuestiones relativas a la autoestima. Catalizada en gran medida por una omnipresente exposición en los medios de información, se halla incluso presente en niños y adolescentes, a lo largo de toda nuestra vida, incluso en la vejez. Es una situación muy triste a la que hay que enfrentarse con una infinita compasión y autocompasión, así como con estrategias eficaces para restaurar el equilibrio y la cordura en nuestro mundo y en nuestras vidas individuales.

Ahora se sabe muy bien que esas patologías de desequilibrio se manifiestan, como nunca antes, en cierto número de epidemias, tanto en niños como en adultos, hombres y mujeres. Se podría decir que la sociedad entera padece, de una u otra forma, una alimentación desordenada, de la misma manera que desde la perspectiva de las tradiciones meditativas, sufrimos de un generalizado desorden de hiperactividad y déficit de atención. Tal y como se pone de manifiesto en este libro, están íntimamente relacionados.

Una muestra de nuestra relación desordenada con la comida y el comer es la epidemia de la obesidad que desde hace más de 20 años se ha asentado en los Estados Unidos. Este fenómeno se ve alimentado, nunca mejor dicho, por un sinfín de complejos factores y agravado por el aumento de estilos de vida sedentarios en adultos y niños, junto con la omnipresente disponibilidad de alimentos procesados que existe y por la industria agroalimentaria que, en ciertos aspectos, es la admiración del mundo, pero que, en otros, es un descontrol.[2] La amplitud de la epidemia de la obesidad puede cuantificarse a través de los gráficos de las valoraciones estatales en Estados Unidos, que empezaron a aparecer alrededor de 1986.[3] Ahora se está extendiendo a otros países, sobre todo a Europa. Esta epidemia se ha visto implusada en parte por el fenómeno del *supersizing* (extragrande), como aparece tan gráficamente ilustrado en la película *Engórdame* (*Supersize Me*), que juega con la noción cada vez más extendida de lo que es una porción razonable (e incluso un plato) para una persona, aumentando la inactividad y el acceso a alimentos de elevadas calorías y escasos nutrientes. Muchas escuelas de medicina llevan a cabo programas de investigación para comprender mejor y saber lidiar con este fenómeno en aumento tanto en adultos como en niños, y algunas incluso están logrando imaginativas colaboraciones con elementos vanguardistas de las industrias alimentaria y de restauración.[4] Abundan también los programas clínicos infantiles.[5]

Otra manifestación de nuestra relación desordenada con los alimentos y el comer es la tragedia de la anorexia y la bulimia, sobre todo entre chicas y mujeres jóvenes. Estos desajustes en los comportamientos alimentarios suelen ser alentados por distorsiones de la autoimagen y la imagen corporal, a las que dan forma sensaciones subterráneas y no reconocidas de vergüenza, imperfección e indignidad. En muchos casos se manifiestan a consecuencia de horribles pero a menudo ocultas experiencias e historias traumáticas. En otros, surgen como reacciones complejas, aunque poco comprendidas, a dinámicas familiares y sociales, agravadas por la industria de la moda, de la publicidad y la del entretenimiento, además de por una obsesión con las celebridades y la sexualización de la apariencia desde la infancia. En estos casos, cualquier impulso de restringir la ingesta de alimentos representa una amenaza para la supervivencia y hay que afrontarlos con un enorme grado de comprensión profesional hacia las torturadas redes de dolor en las que caen atrapadas las personas, con mucha aceptación y comprensión por su sufrimiento, así como con el reconocimiento y el apoyo incondicional de las virtudes interiores que poseen, pero no saben reconocer, incluyendo su potencial para sanar.

Además de todos estos elementos problemáticos en nuestra relación con la comida, está el desajuste tan extendido, señalado anteriormente, de nuestra relación con nuestras propias vidas tal como se desarrollan en el momento presente. No hace falta ser muy listo para darse cuenta de hasta qué punto nuestras vidas están atrapadas en una preocupación con el pasado y el futuro a expensas del momento presente, el único instante del que disponemos todos para alimentarnos, observar, aprender, desarrollarnos, cambiar, sanar, expresar nuestros sentimientos, amar y, por encima de todo, vivir. Si siempre estamos de camino hacia otro sitio, hacia un ahora mejor, cuando estemos más delgados, o seamos más felices, o más desarrollados, o lo que sea, entonces nunca podrá existir una relación sana con este momento, ni podremos amarnos a nosotros mismos tal como somos. Asimismo es una tragedia demasiado común el que pasemos por alto la realidad de la vida que nos toca vivir porque estamos tan distraídos, preocupados y lanzados a la consecución de ideales mentales en algún otro momento que a menudo, y tristemente, también están modelados por deseos, aversiones e ilusiones que no hemos analizado. Y claro está, todo esto tiene una enorme importancia en términos de alimentación y de cómo es la relación que mantenemos con nuestros cuerpos y con todas las fuerzas que pudieran empujarnos hacia esos torbellinos de adicción, desajustes y amarguras. Se trata de una elección práctica en la que tenemos mucho que decir, haga lo que haga, piense o venda el resto del mundo. Pero requiere la motivación de liberarse de un profundo y prolongado condicionamiento y de hábitos de inconsciencia y adicción que nos lastran, a menudo tanto literal como metafóricamente.

Podemos hacer algo y responsabilizarnos personalmente acerca de eso que podríamos calificar de inconsciencia endémica en nuestra sociedad, como aparece descrito con gran eficacia en este libro con respecto al comer y a la alimentación en todos sus aspectos y manifestaciones. ¿Y quién mejor para mostrarnos este camino, hacia una cordura y un equilibrio mayores, que Jan Chozen Bays, que es una experimentada pediatra especializada en traumas infantiles, una veterana líder de grupos dedicados a comer atentos, y una excepcional profesora de mindfulness enraizada en una antigua y profunda tradición de sabiduría y compasión?

Mindfulness es prestar atención, y también la presencia y la libertad que emergen de ese gesto en el presente, de profunda relación y consciencia. Es el antídoto de las preocupaciones adictivas y de las de todo tipo que nos alejen de la actualidad del momento presente. Cuando empezamos a estar atentos de una manera intencionada e imparcial, como hacemos cuando trabajamos el mindfulness, retrotrayéndonos así al momento presente, estamos echando mano de profundos recursos naturales de fortaleza, creatividad, equilibrio y, sí, de la sabiduría. Se trata de unos recursos en cuya existencia nunca habíamos caído. No tiene por qué cambiar nada. No tenemos por qué ser diferentes ni "mejores". No hemos de perder peso. No tenemos que arreglar ningún desequilibrio, ni esforzarnos en pos de ningún ideal. Todo lo que hemos de hacer es prestar atención a aspectos de nuestras vidas que pudiéramos haber ignorado en favor de diversas idealizaciones que nos han ido alejando inconscientemente de nuestra integridad intrínseca (el significado profundo de palabras como "salud", "sanación" y "santo") que está ya ahí, disponible en este mismo momento, y en cualquier otro instante. Una integridad que nunca está ausente.

Este libro hace hincapié en que, con práctica, es posible que el mindfulness se convierta en una base segura sobre la que apoyar y curar toda nuestra vida. Esta perspectiva optimista sugiere que si te comprometes a llevar a cabo este programa de aportar mayor atención a todo el proceso de comer, estarás dando un importante paso en el camino de devolverte tu vida, y de paso, liberarte del encarcelamiento de los hábitos de inconsciencia, obsesión y adicción con respecto a la comida y la imagen corporal, así como la mejora de la relación de la mente y el cuerpo con el mundo. Ese compromiso cuenta con el potencial de restaurar tu belleza intrínseca y original, al confraternizar contigo mismo tal como eres. Es una invitación a equilibrar cuerpo y mente, y a descubrir una profunda satisfacción que se denomina felicidad o bienestar.

En la Stress Reduction Clinic (Clínica de Reducción del Estrés) de la Universidad de Massachusetts, la primera meditación formal que normalmente practicamos es comer una uva pasa de manera lenta y consciente. Con orientación puede incluso llevar 5 minutos o más. Los participantes, en su mayoría pacientes hospitalarios, no esperan que la meditación, o la reducción del estrés, se asocien a comer, y ya solo por eso es un útil e innovador mensaje acerca de que la meditación no es lo que solemos pensar. En realidad, todo puede ser una forma de meditación si estamos presentes en nuestra experiencia, lo que quiere decir si estamos totalmente conscientes. El impacto de este ejercicio extraño y un tanto artificial se evidencia de inmediato, nada más observar el objeto que estamos a punto de ingerir, su olor, cómo se acerca y entra en la boca, el masticar, el sabor, los cambios que se producen mientras la pasa se desintegra, el impulso para tragar, el tragar, el momento tranquilo que sobreviene a continuación, todo ello en el marco de una presencia exquisita que parece suceder sin esfuerzo. La gente exclama: «Creo que nunca antes había *saboreado* una uva pasa». «Es alucinante.» «Me siento ahíto.» «Me siento reconfortado.» «Me siento completo.» «Me siento en paz.» «Me siento tranquilo.» «Me siento como un manojo de nervios.» «Odio las uvas pasas» (muchas son las respuestas, y no hay ni buenas ni malas, solo lo que las personas experimentan).

Pero al igual que el grano de arena de Blake y su flor silvestre, también es posible ver todo el mundo en una pasa, sostener el universo y toda la vida en la palma de tu mano y luego, claro está, en tu boca, pues no tarda en convertirse en una fuente de nutrición a muchos niveless distintos. La energía, la materia y la propia vida revitalizan y renuevan el cuerpo, el corazón y la mente. También a nivel comunitario, como en este caso, pues en la habitación suele haber alrededor de 30 personas, todas desconocedoras del mindfulness, todas recién llegadas a este programa clínico de 8 semanas que denominamos MBSR (*mindfulness-based stress reduction*), o reducción del estrés a través del mindfulness. Una uva pasa puede enseñarte muchísimo.

En este libro encontrarás el ejercicio de la pasa y muchos más. Si te entregas sinceramente a las prácticas que aparecen aquí descritas, con cierto grado de disciplina y compromiso, pero también sazonándolas con benevolencia y delicadeza, de manera que puedas darte el espacio suficiente para no forzar las cosas al intentar ajustarlas a algún ideal, estoy seguro de que te agradecerás a ti mismo y a la doctora Bays el haber recuperado tu vida y disfrutado de la bendición de los alimentos de formas liberadoras y deliciosas.

JON KABAT-ZINN
Profesor emérito de Medicina
Facultad de Medicina de la Universidad de Massachusetts
Clínica de reducción del estrés
Centro de mindfulness en Medicina,
Asistencia sanitaria y Sociedad.
Septiembre de 2008

Prefacio

Escribo este libro para abordar una forma de sufrimiento innecesaria y cada vez más extendida. Nuestras luchas con la comida nos provocan una agonía emocional tremenda, además de culpabilidad, vergüenza y depresión. Como médico, también he sido testigo de cómo nuestros problemas con la comida pueden provocar enfermedades debilitadoras e incluso conducirnos a una muerte prematura.

Según el Ministerio de Salud estadounidense, casi dos de cada tres adultos norteamericanos padecen sobrepeso u obesidad. Se calcula que millones de estadounidenses sufren de anorexia o bulimia. Pudiéramos denominarlo una epidemia de "trastornos alimentarios", pero prefiero considerarlo como una relación cada vez más desequilibrada con la comida. Una de las causas principales de este desequilibrio es la falta de un nutriente humano esencial: mindfulness, el acto de prestar una atención total e imparcial a nuestra experiencia momento a momento. Este libro explora cómo utilizarlo para liberarnos de hábitos alimentarios malsanos y mejorar nuestra calidad de vida.

Ahora lo que necesitamos es un enfoque fresco de nuestros problemas con la comida porque los métodos convencionales no funcionan. Los estudios muestran que no importa qué dieta emprendan las personas, ni el tipo de alimentos que dejan o empiezan a consumir, solo pierden una media de 3,5-4 kilogramos, que vuelven a recuperar en más o menos un año. Solo unos pocos tienen éxito y pierden una importante cantidad de peso sin volver a recuperarlo. Como vemos, ponerse a dieta no es la respuesta.

También hemos intentado solucionar nuestros problemas de peso alterando la comida que consumimos con la esperanza de que un día podríamos continuar comiendo de manera desequilibrada sin efectos perniciosos. Hemos eliminado las calorías, las grasas, el azúcar y la sal. Hemos añadido proteínas, vitaminas, fibra, grasa artificial y edulcorantes químicos. Esta guerra con la comida ha resultado en un aumento de los beneficios de las empresas que fabrican alimentos procesados, pero no ha alterado nuestras cinturas cada vez más anchas, ni nos han devuelto a una forma integral de alimentarnos.

Otro enfoque ha sido emprender una guerra contra la grasa en nuestros cuerpos sometiéndonos a dietas de desnutrición, ejercicio compulsivo o liposucción. En realidad, las células de grasa intentan ayudarnos de la mejor forma posible. Su tarea consiste en mantenernos calientes y proporcionar combustible de emergencia para los tiempos de vacas flacas. Podemos eliminar las células de grasa mediante cirugía, pero si continuamos consumiendo calorías de más, aparecerán nuevas células de grasa, en un intento de cumplir con su papel de almacenes de energía.

Asimismo hemos intentado atacar al cuerpo de otras maneras. La mayoría de los hospitales importantes han abierto departamentos de medicina bariátrica, a fin de ofrecer cirugía de pérdida de peso y el seguimiento necesario. Estas operaciones reducen el tamaño del estómago o circunvalan partes del intestino para producir malabsorción. Con un estómago más pequeño, la gente experimenta dolor, náuseas u otras clases de molestias si consumen más de la mitad de un tazón de comida de una vez. A consecuencia de la cirugía de malabsorción, las personas pueden sufrir diarrea crónica y tal vez deban tomar suplementos para evitar acabar desnutridas. No hay duda de que esa cirugía ayuda a perder peso e invertir efectos secundarios como la diabetes. No obstante, parece que al cabo de varios años de someterse a esa cirugía, muchos pacientes recuperan peso, con solo 1 de cada 10 que permanece estable en su peso ideal. Cada año, cientos de miles de personas se someten a esta cirugía, que es cara (al menos 20.000 euros) y arriesgada (al escribir estas líneas, la tasa de fallecimientos es de 1 de cada 100 pacientes, y 1 de cada 10 padece complicaciones graves, que a menudo requieren más cirugía). Solo el precio de este tratamiento lo convierte en inalcanzable para la mayoría de la gente.

Tras pasar por la cirugía bariátrica, la gente se ve obligada a cambiar sus hábitos alimentarios. Deben comer conscientemente, si no sufrirán grandes molestias. Sin embargo, muchos pacientes acaban aprendiendo a comer "saltándose" las restricciones impuestas por una anatomía intestinal alterada, y vuelven a ganar peso. Parece que son bastantes los pacientes que a través de la cirugía desarrollan "adicciones de transferencia", sustituyendo la comida por el alcohol, el juego compulsivo, las compras o las relaciones sexuales.

Si ni ponerse a dieta ni someterse a cirugía resultan ser tratamientos prácticos para los adultos, tampoco lo son para el 20% de niños estadounidenses que ahora padecen sobrepeso u obesidad. Hasta hace unos 10 años, los pediatras apenas veíamos niños con sobrepeso en nuestras consultas. Ahora es muy común, así como las graves complicaciones que conlleva, como la diabetes. Algunos investigadores predicen que esta generación vivirá vidas más cortas que sus padres a causa de su relación desordenada con los alimentos y la comida. No queremos empujar a los niños hacia una neurosis dietética ni a una obsesión con el peso. Lo que necesitamos es un nuevo enfoque.

Se presentan unos desafíos parecidos a la hora de tratar a aquellas personas cuyo peso se torna peligrosamente bajo debido a la anorexia o la bulimia. Los tratamientos médicos, como la hospitalización, la alimentación intravenosa o entubada, a menudo resultan en que el aumento de peso es solo temporal.

La situación está muy clara. Los países desarrollados se encuentran inmersos en una grave epidemia de relaciones desordenadas con los alimentos y la alimentación. Se necesita urgentemente un tratamiento que funcione tanto para los niños como para sus padres. Existe una necesidad urgente de un tratamiento que no sea caro o que sea gratuito, y que esté al alcance de todos. Debería carecer de efectos secundarios negativos. Lo ideal es que tuviera efectos secundarios positivos.

El mejor tratamiento sería el que pudiera iniciarse con una orientación y educación inicial por parte de profesionales, pero que fuese fácil y lo suficientemente interesante como para que la gente lo continuase a largo plazo por sí misma. Ese tratamiento debería ser accesible a personas de todas las edades y condiciones sociales, incluidos los niños. Debería contar con un efecto inmunizador, impidiendo que los niños desarrollasen problemas alimentarios. Debería poder proporcionar un fuerte apoyo a quienes se someten a tratamiento médico o cirugía. Lo ideal es que este tratamiento provocase cambios duraderos y resultase en una cura permanente.

Mindfulness es el único tratamiento que conozco que encaja en esta descripción. Mindfulness aborda nuestro trastorno en su origen. El problema no radica en los alimentos. La comida es comida. No es ni buena ni mala. El problema no son nuestras células grasas, ni el estómago, ni un intestino más pequeño. Todo eso no hace sino tratar de cumplir tranquilamente con su misión. La solución a largo plazo no es alimentarse con productos a los que se les ha vaciado de nutrientes, ni mutilar órganos sanos, ni producir deliberadamente una segunda y grave enfermedad: la malabsorción. El origen del problema radica en la mente pensante y el corazón sintiente. Mindfulness es la herramienta perfecta para la delicada operación de iniciar el trabajo interior en esos dos órganos tan esenciales. Mindfulness es el catalizador perfecto para poner en marcha, para iniciar el rumbo hacia su total curación.

Este libro se inspiró en el entusiasmo generado por un retiro sobre comer con atención que ofrecimos en el monasterio Zen en que vivo y enseño. De entre nuestros numerosos talleres y retiros, este parece ser el que genera un mayor nivel de entusiasmo y reconocimiento acerca del poder de mindfulness para verter luz sobre un aspecto de la vida que es de vital importancia, incluso para personas con poca experiencia en meditación. Cuando se ignora el comer atento, se provoca un sufrimiento intenso e innecesario. Cuando se traslada mindfulness al comer, se abre ante nosotros un mundo de descubrimientos y deleite. Se trata de un mundo que ha permanecido oculto, casi podríamos decir que, literalmente, delante de nuestras narices.

Es mi deseo sincero que este libro te ayude a abrirte a la dicha y el deleite, la riqueza y el esplendor, de los sencillos actos de comer y beber, para que así puedas hallar una profunda, verdadera y duradera satisfacción con los alimentos y disfrutes comiendo a lo largo de tu vida.

1. ¿Qué es comer atentos?

Este libro está escrito para todos aquellos a los que les gustaría mejorar su relación con la comida. Tanto si tienen una tendencia moderada a comer en exceso, como tantos de nosotros, como si están luchando contra la obesidad, la bulimia, la anorexia o cualquier otro problema, este libro es para vosotros.

Soy médico (mi especialidad es la pediatría), y también hace tiempo que soy maestra Zen. La práctica de mindfulness radica en el corazón del Zen, y de la tradición budista en general. A lo largo de mis muchos años de práctica médica y de la práctica y enseñanza de mindfulness, he llegado a considerarla como una de las mejores medicinas que existen.

La mayoría de libros y técnicas destinados a cambiar nuestra manera de comer intentan imponer cambios desde el exterior. A veces encajan con el ser único que somos, y funciona. Pero a veces no. Mindfulness provoca cambios desde el interior. Se trata de un proceso natural y orgánico, que ocurre de la manera y al ritmo que nos conviene. Se trata de lo más avanzado en curación natural.

¿Qué es mindfulness?

No es necesario hacerse budista para asistir a un retiro en silencio de una semana y así experimentar los beneficios de mindfulness. Mindfulness es una capacidad que todos poseemos y podemos cultivar. Recientemente, mindfulness se ha convertido en un concepto popular, cada vez más aceptado y estudiado por el mundo científico, de la asistencia y educacional. No obstante, cuando mindfulness se queda únicamente en un concepto, su utilidad en nuestras vidas es escasa. Cuando se aprende y utiliza, se transforma en una potente herramienta con la que despertarnos a todo el potencial de nuestra vida.

> Mindfulness es prestar atención de manera deliberada, ser totalmente consciente de lo que sucede tanto en tu interior –en el cuerpo, el corazón y la mente– como fuera, en tu entorno. Mindfulness es consciencia sin juicio de valor ni crítica.

El último elemento es capital. En el comer atentos no estamos comparando ni juzgando. Estamos simplemente observando las numerosas sensaciones, pensamientos y emociones que surgen al respecto. Se lleva a cabo de manera directa y práctica, pero calentada con benevolencia y especiada con curiosidad.

Mindfulness hunde sus raíces en la comprensión de que cuando ignoramos lo que vemos, tocamos o comemos, es como si no existiese. Si nuestro hijo o pareja viene para hablar con nosotros y resulta que estamos distraídos y no escuchamos, todos acabaremos sintiéndonos con hambre de contacto e intimidad. Si comemos mientras vemos la televisión, distraídos y sin realmente saborear los alimentos, los digeriremos sin darnos cuenta. Seguiremos sintiéndonos hambrientos e insatisfechos. Nos levantaremos de la mesa buscando algo con que alimentarnos.

A través del comer atentos o conscientes podemos estar presentes al comer. Parece muy sencillo: ser conscientes de lo que comemos. Pero de alguna manera hemos perdido la noción de cómo hacerlo. Comer atentos es una manera de volver a despertar nuestro placer al comer y beber con sencillez.

El maestro Zen Thich Nhat Hanh dijo que mindfulness era un milagro. Y así parece. Cuando aprendemos cómo utilizar esta sencilla herramienta y descubrimos por nosotros mismos lo que puede lograr, parece realmente milagroso. Puede transformar el aburrimiento en curiosidad, la inquietud angustiosa en alivio, y la negatividad en gratitud. Al utilizar mindfulness descubriremos que todo, *todo*, aquello en lo que concentramos toda nuestra atención empezará a abrirse y a revelar mundos cuya existencia nunca hubiéramos imaginado. En toda mi experiencia como doctora y maestra Zen nunca he visto nada igual.

Una importante y cada vez mayor corriente de estudios científicos apoya las afirmaciones acerca de las sorprendentes y constatadas capacidades curativas de mindfulness. El doctor Jon Kabat-Zinn, de la Facultad de Medicina de la Universidad de Massachusetts, ha desarrollado un programa que se fundamenta en la reducción del estrés a partir de mindfulness (MBSR en sus siglas en inglés). Empezó a enseñar técnicas MBSR a personas que sufrían de dolores y enfermedades crónicas, a pacientes cuyos médicos los habían remitido a su persona como último recurso tras el fracaso de otras terapias médicas. Los resultados fueron tan buenos que amplió sus investigaciones a otras enfermedades. Otros médicos y terapeutas aprendieron técnicas MBSR y las probaron con éxito en diversos trastornos. Ahora son muchos los artículos que aparecen en publicaciones de medicina y psicología que documentan los beneficios de la MBSR en el tratamiento de enfermedades, desde asma a psoriasis, desde enfermedades cardíacas a depresión.[1]

La alegría de comer atento

Comer atentos es una experiencia que implica a todas las partes de nuestro ser, cuerpo, corazón y mente, a la hora de elegir, preparar y consumir los alimentos. Comer atentos incluye todos los sentidos. Nos sumerge en los colores, texturas, aromas, sabores e incluso en los sonidos del beber y comer. Nos permite sentirnos curiosos e incluso juguetones a la hora de investigar nuestras respuestas a los alimentos y nuestras señales internas respecto del hambre y la satisfacción.

Comer atentos no depende de gráficos, tablas, pirámides o mediciones. No está dictado por ningún experto. Lo dirigen tus propias experiencias internas, momento a momento. Tu experiencia es única. Y por ello, el experto eres tú.

Comer atentos no se basa en ninguna inquietud acerca del futuro, sino en las elecciones actuales que tienes frente a ti y en tus experiencias directas de salud mientras comes y bebes.

Comer atentos sustituye la autocrítica con autonutrición. Sustituye la vergüenza con respeto hacia tu propia visión interior.

Tomemos una experiencia típica como ejemplo. Mientras regresa a su casa desde el trabajo, Sally piensa con espanto en la charla en la que ha de trabajar de cara a una importante conferencia. Tiene que acabarla en los próximos días para cumplir con el plazo. Pero al llegar a casa y antes de empezar a trabajar en la disertación, decide relajarse y mirar un poco la televisión. Se sienta con una bolsa de patatas junto a la silla. Al principio solo come unas pocas, pero al aumentar la tensión del programa, empieza a comer más y con más rapidez. Cuando acaba el programa se da cuenta de que se ha comido toda la bolsa de patatas. Se regaña por perder el tiempo y consumir comida basura: «¡Demasiada sal y grasa! ¡Te quedas sin cenar!». Absorta en el drama de la pantalla, tratando de ocultar su disgusto por estar perdiendo el tiempo, ignoró lo que sucedía en su mente, corazón, boca y estómago. Comió inconscientemente. Comió para seguir inconsciente. Así que se acuesta desnutrida de cuerpo y corazón, y con la mente todavía preocupada por la charla.

La próxima vez que sucede algo parecido decide comer patatas, pero en esta ocasión, conscientemente. En primer lugar comprueba el estado de su mente. Descubre que está preocupada acerca de un artículo que prometió escribir. La mente le dice que debe empezarlo esta noche. Comprueba el estado de su corazón y descubre que se siente un poco sola porque su marido no está en la ciudad. Comprueba el estado de su estómago y cuerpo, y descubre que se siente hambrienta y cansada. Necesita algo de alimento y cariño. La única en casa que puede ofrecérselo es ella misma.

Decide invitarse a una pequeña fiesta de patatas (recuerda que comer atentos nos da permiso para jugar con la comida). Saca 20 patatas de la bolsa y las dispone sobre un plato. Observa su color y forma. Come una, saboreándola. Se detiene y luego come otra. No hay juicio, ni bien ni mal. Simplemente observa las tonalidades de marrón y dorado en cada superficie curva de la patata, degustando el sabor penetrante de la sal, escuchando el crujido de cada mordisco, sintiendo cómo la textura crujiente se torna blanda. Se pone a considerar cómo llegaron esas patatas a su plato, es consciente del sol, la tierra, la lluvia, el labrador, los obreros de la fábrica de patatas, el conductor del camión de reparto, el tendero que puso la bolsa en la estantería y se la vendió.

Realizando pequeñas pausas entre cada patata, la fiesta patatera se alarga a 10 minutos. Cuando acaba sus patatas, vuelve a comprobar el estado de su cuerpo para verificar si hay alguna parte que sigue sintiendo hambre.

Se da cuenta de que la boca y las células tienen sed, así que se prepara un zumo de naranja. El cuerpo también le dice que necesita algo de proteína y algo verde, así que se prepara una tortilla de queso y una ensalada de espinacas. Tras comérselo vuelve a comprobar su estado mental y corporal, así como el de su corazón. El corazón y el cuerpo se sienten atendidos y alimentados, pero la mente sigue cansada. Decide acostarse y ponerse a trabajar en el artículo nada más levantarse, cuando cuerpo y mente hayan descansado. Sigue sintiéndose sola, aunque algo menos al haber sido consciente de todos los seres cuya energía vital hizo posible que se comiese las patatas, los huevos, el queso y las espinacas. Decide telefonear a su esposo para darle las buenas noches. Se acuesta con el cuerpo, la mente y el corazón tranquilos y duerme de maravilla.

Acerca de este libro

Este libro es un manual para aprender mindfulness mientras comemos. Mindfulness es una capacidad que todo el mundo puede desarrollar. Puede aplicarse a todo lo que se manifieste en nuestra vida. No depende de nuestra edad, sexo, cociente de inteligencia, fuerza muscular, capacidades musicales ni de ningún otro talento, ni de nuestra facilidad para hablar idiomas. Como sucede con cualquier otra habilidad, desarrollar mindfulness *requiere* práctica, una práctica diligente, a lo largo de un importante período de tiempo. A diferencia de otros tipos de aprendizaje, como el del violín, mindfulness aporta resultados inmediatos. Con mindfulness incluso podemos consumir alimentos que no nos gustan especialmente y descubrir algo útil al hacerlo.

Este libro no trata de dietas ni reglas. Trata de explorar lo que ya tenemos y apreciar todo lo que hacemos. ¿Perderás o ganarás peso si aportas mindfulness a tu cocina y tu alimentación? No lo sé. Lo que sí puedes perder es el peso de la infelicidad mental que sientes a la hora de comer y la insatisfacción respecto a los alimentos. Lo que puedes ganar es una sencilla alegría frente a la comida y un placer simple al comer, que son tuyos por derecho de nacimiento, por ser un ser humano.

Todos hemos de comer. Es una necesidad básica para estar vivos. Por desgracia, hay algunas actividades cotidianas más cargadas de dolor y congoja, de culpabilidad y vergüenza, con un anhelo sin colmar y desesperación que el sencillo acto de introducir energía en nuestros cuerpos. Cuando aprendemos a comer atentos, nuestro comer puede transformarse y pasar de ser fuente de sufrimiento a manantial de renovación, autoconocimiento y deleite.

Gran parte de este libro tiene que ver con abrir la consciencia de nuestro cuerpo y mente. Cuando apreciamos totalmente las actividades básicas del comer y el beber, descubrimos un antiguo secreto, el de cómo llegar a estar satisfechos y cómodos. Las enseñanzas Zen hablan sobre el sabor exquisito del agua. ¿Alguna vez te has sentido muy, pero que muy sediento? Tal ver durante una larga excursión, o estando enfermo, o al trabajar sin parar bajo el sol del verano. Recuerdas lo maravillosa que te supo el agua corriente cuando por fin pudiste beber. En realidad, cada sorbo de líquido y bocado de comida pueden ser así de frescos y deliciosos, una vez que aprendemos a estar presentes.

Comer atentos es una manera de descubrir una de las cosas más placenteras que hacemos como seres humanos. También es un camino para descubrir muchas y maravillosas actividades que discurren justo delante de nuestras narices y en el interior de nuestros cuerpos. Comer atentos cuenta asimismo con el beneficio añadido e inesperado de ayudarnos a aprovechar la sabiduría natural del cuerpo y la capacidad natural del corazón para abrirse y sentir gratitud.

En la tradición Zen practicamos el aportar una atención beneficiosa, así como curiosidad y exploración a todas nuestras actividades, incluyendo las de saborear y comer. Las enseñanzas Zen nos animan a explorar totalmente el momento presente, haciéndonos preguntas como:

¿Tengo hambre?
¿Dónde siento hambre? ¿Qué parte de mí tiene hambre?
¿Qué es lo que realmente ansío?
¿Qué estoy saboreando ahora mismo?

Son preguntas muy sencillas, pero que apenas nos las planteamos. Este libro te ayudará a encontrar respuestas a algunas de esas preguntas y te ofrecerá herramientas para continuar descubriendo respuestas en el futuro.

Mindfulness es el mejor condimento

Mientras escribo estas líneas estoy comiéndome una tarta de limón que me ofreció un amigo. Este amigo sabe lo mucho que me gustan las tartas de limón, y de vez en cuando me compra una en una pastelería especial. Tras escribir unas cuantas horas, estoy preparada para recompensarme con un pedazo de tarta. El primer bocado es delicioso. Cremoso, agridulce, tierno. Cuando doy el segundo bocado, empiezo a pensar sobre lo que escribiré a continuación. El sabor en la boca disminuye. Doy otro bocado y me levanto para sacar punta a un lápiz. Mientras camino me doy cuenta de que mastico, pero en este tercer bocado apenas queda ya sabor a limón. Me siento, me pongo a trabajar y espero unos minutos.

Luego tomo un cuarto bocado, totalmente concentrada en los olores, sabores y las sensaciones táctiles en la boca. ¡Vuelve a saber delicioso! Descubro una y otra vez (soy lenta aprendiendo) que la única manera de mantener esa experiencia del "primer bocado", a fin de honrar el regalo de mi amigo, es comer lentamente, con largas pausas entre bocados. Si hago cualquier otra cosa mientras como, si hablo, camino, escribo o incluso pienso, el sabor disminuye o desaparece. La vida se escurre de mi maravillosa tarta. Podría estar comiendo la caja de cartón en la que estaba metida.

Y aquí está la gracia. He dejado de saborear la tarta de limón porque estoy pensando. ¿Y en qué pienso? ¡En comer atenta! Al darme cuenta, no tengo más remedio que sonreír. Ser humana resulta tanto patético como divertido.

¿Por qué no puedo pensar, caminar y ser totalmente consciente del sabor de la tarta al mismo tiempo? No puedo hacer todas esas cosas a la vez porque la mente tiene dos funciones distintas: pensar, y ser consciente. Cuando está encendida la función pensante, la función consciente permanece apagada. Cuando la función pensante discurre a toda máquina, podemos dar cuenta de toda una comida, de un pastel entero, de un enorme helado y no saborear más que uno o dos bocados. Cuando no saboreamos lo que comemos, solemos atiborrarnos hasta reventar sin llegar a sentirnos satisfechos. Y es así porque la mente y la boca no estaban presentes, no saboreaban ni disfrutaban mientras comíamos. El estómago se llenó, pero la mente y la boca continuaron insatisfechas, pidiendo ser alimentadas.

Si no nos sentimos satisfechos, empezamos a buscar algo más o algo diferente que comer. Todo el mundo ha tenido la experiencia de dar vueltas por la cocina, abriendo cajones y puertas, buscando en vano algo, cualquier cosa, que le satisficiera. Lo único que puede curar eso, un tipo de hambre fundamental, es sentarse y permanecer, aunque solo sea durante algunos minutos, totalmente presentes.

Si comemos y permanecemos conectados con nuestra propia experiencia y con las personas que cultivaron los alimentos, que sirvieron la comida y con los que estamos comiendo, nos sentiremos muy satisfechos, aunque se trate de una comida escasa. Ese es el tesoro del comer atentos: restaurar nuestra sensación de satisfacción, seamos lo que seamos y comamos lo que comamos.

Suposiciones erróneas más comunes

La gente no tiene claro lo de mindfulness. Consideran que si solo hacen una cosa a la vez, como comer sin leer, o que si se mueven *muuuyyyy* lentamente y con cuidado, es que están siendo conscientes, que están presentes. Podemos dejar de leer, cerrar el libro y luego comer lentamente, pero eso no querrá decir estar atentos o ser conscientes de lo que comemos. Depende de lo que nuestra mente haga mientras comemos. ¿Estamos simplemente comiendo o estamos pensando y comiendo? ¿Está la mente en la boca, o en otra parte? Es una diferencia fundamental.

Al empezar a practicar mindfulness, ayuda mucho ir más despacio y hacer solo una cosa a la vez. De hecho, son los dos aspectos esenciales para estar atentos al comer. Al ir ganando destreza en el estar presentes, podemos ser conscientes y rápidos. De hecho, descubrimos que cuando nos movemos con rapidez necesitamos estar mucho más atentos. Estar atentos implica tener la mente llena, totalmente, de lo que está sucediendo *ahora*. Cuando troceamos verduras con un enorme cuchillo afilado, cuanto más rápido cortamos, más atención hay que prestar, ¡si queremos conservar los dedos!

También es importante entender que comer atentos incluye comer distraídos. Dentro del amplio campo de la atención podemos ser conscientes del tirón, del impulso, hacia comer distraídos y darnos cuenta de cuándo y cómo nos deslizamos por esa pendiente. Parte de mi trabajo como médico implica testificar en casos judiciales como perita experta. A veces me dirijo a los juzgados sin haber tenido tiempo de comer. Sé que me resultará difícil mantener cierta claridad en el banco de los testigos y que los juzgados son impredecibles. Tal vez pase horas allí. Así que decido conscientemente optar por comer sin pensar y pido un bocadillo de hamburguesa vegetariana en un restaurante de comida rápida para dar cuenta de él en el coche, intentando al menos prestar atención para no pringarme el traje bueno con la salsa especial. Mindfulness nos proporciona consciencia de lo que hacemos y, a menudo, de por qué lo hacemos.

Establecer una relación más saludable con la comida

Cuando nuestra relación con la comida deja de ser armónica, perdemos nuestro disfrute innato de comer. Cuando la relación lleva muchos años desajustada, es fácil olvidarse de qué es comer "normal". En realidad, eso es precisamente lo que *era* comer "normal", porque en la infancia casi todos experimentamos una felicidad natural al comer y una consciencia instintiva acerca de cuánto bastaba para sentirnos satisfechos.

Estos son algunos elementos de una relación saludable con la comida.

1. Te sientes feliz y participando totalmente de la vida cuando no estás comiendo (la comida no es tu única fuente regular de placer y satisfacción).

2. No comes sin tener hambre.
3. Dejas de comer cuando te sientes lleno y puedes dejar comida en el plato.
4. Dejas intervalos de al menos varias horas si no tienes hambre y sin pensar en comida, salpicados por las horas de comer, en las que sientes hambre y disfrutas comiendo.
5. Disfrutas consumiendo muchos tipos de alimentos.
6. Mantienes un peso saludable y regular o que fluctúa entre 3 o 4 kilos arriba o abajo. No necesitas pesarte más que una vez cada tantos meses o años.
7. No te obsesionas con la comida ni contando calorías para poder decidir si puedes “permitirte” comer algo.

Si no cumples alguno o ninguno de los puntos de la lista, debes saber que no serás el único. Muchos de nosotros hemos desarrollado hábitos malsanos debido a diversas influencias de nuestras vidas (exploraremos esa cuestión en el capítulo 3). Por fortuna, comer atentos puede ayudarnos a restablecer nuestra sensación natural de equilibrio, satisfacción y deleite al comer.

Sobre los ejercicios en la grabación de audio

Mirar de frente algo que es motivo de vergüenza y autocrítica puede resultar difícil. Sin embargo, observar cara a cara nuestras luchas con la comida es la única manera de poder atravesarlas y descubrir la salida al otro lado.

Los ejercicios presentados en este libro están extraídos de ejercicios de comer con atención, talleres y retiros que he dirigido a lo largo de las dos décadas pasadas. A algunas personas (yo incluida) les resulta difícil leer las instrucciones de un ejercicio al mismo tiempo que intentan *realizar* el ejercicio. Por dicha razón hemos incluido un programa de audio con instrucciones guiadas, dispoible para descargar en www.shambhala.com/comeratentos. El programa contiene grabaciones de los ejercicios más importantes del comer atentos. Te recomiendo que empieces leyendo el libro, haciendo un alto para intentar realizar los ejercicios guiados que se presentan en el texto, en lugar de empezar este trabajo utilizando directamente la grabación.

No resulta nada fácil trabajar uno mismo en este tema tal delicado y vital del comer. Pudiera resultar de ayuda encontrar a un compañero o formar un grupo para leer el libro y llevar a cabo los ejercicios juntos. En nuestros talleres, tras completar un ejercicio, hablamos acerca de lo experimentado y descubierto. Estos debates pueden resultar graciosos, conmovedores, tristes y reveladores. Al ir descubriendo que no estamos solos en nuestras luchas se va creando una cálida sensación de familiaridad y apoyo mutuo. Hallarás un manual para el uso del libro en una clase o entorno grupal en www.mindfuleatingbook.com.

Es importante *realizar* verdaderamente los ejercicios, sobre todo los que se incluyen en la grabación de audio. Comer atentos no es algo teórico. No puede conseguirse con solo leer un libro. Comer atentos se basa en la experiencia. Solo una experiencia real hace que la verdad cobre vida en nuestros cuerpos y corazones. Podría contarte repetidamente lo valioso que resulta comer atentos, pero no te serviría de mucho si tú no lo intentas por ti mismo. Hay un dicho Zen acerca de no intentar saciar el hambre con el dibujo de un pastel de arroz. La única manera de saciar el hambre es comerse el pastel de arroz. La única manera de saciar el hambre de tu mente y corazón es comerte el pastel de arroz con mindfulness.

Finalmente, todo aquello a lo que prestamos atención cuidadosa y pacientemente acabará abriéndosenos. Una vez que podamos aplicar el poder de una mente concentrada y centrada, todas las cosas pueden potencialmente revelarnos su verdadero corazón. Se trata de esa conexión de corazón a corazón con nosotros mismos, con nuestros seres queridos y con el mismo mundo que todos anhelamos. Puede descubrirse en el sencillo acto de comer un pedazo de pan. Todo lo que hace falta es un poco de valentía y disposición para iniciar la más deliciosa de todas las aventuras: el periplo de observar, oler, saborear y sentir.

EJERCICIO

Meditación básica de comer atentos

Ahora empieza nuestro viaje. Este primer ejercicio de comer atentos es esencial. Otros muchos ejercicios de este libro se basan en él, así que, por favor, **no te lo saltes**. En este ejercicio experimentaremos con prestar toda la atención al comer un pedacito muy pequeño de comida. Lo mejor es contar con alguien que nos lea este ejercicio en voz alta, paso a paso. Hallarás una grabación del ejercicio en el programa de audio, pista 2.

Preparación: para este ejercicio necesitarás una única uva pasa. Hay otros alimentos que también pueden funcionar, como un arándano seco, una fresa, un tomate cherry o un tipo inusual de galleta salada.

1. Empiezas sentándote tranquilamente y evaluando tu hambre de referencia: ¿cuán hambriento te sientes, en una escala de 0 a 10? ¿En qué lugar del cuerpo "buscas" para decir cuánta hambre sientes?
2. Imagina que eres un científico en una misión de exploración de un nuevo planeta. Tu nave ha aterrizado y has descubierto que el planeta es bastante acogedor. Puedes respirar y caminar sin problemas. La superficie del planeta parece ser de polvo y piedra, y nadie ha visto todavía ninguna forma de vida. Los alimentos en la nave están acabándose y todo el mundo empieza a sentir hambre. Te han pedido que explores el planeta en busca de algo que pudiera ser comestible.

   Mientras investigas encuentras un pequeño objeto en el suelo y lo recoges. Te pones la pasa (u otro alimento) en la mano. Vas a investigarla con las únicas herramientas de que dispones, tus cinco sentidos. No tienes ni idea de qué objeto se trata. Nunca lo habías visto antes.
3. **Hambre visual**. Primero investigas el objeto con los ojos. Te fijas en su color, forma y textura exterior. ¿Qué te dice la

mente que podría ser? A continuación, evalúa tu hambre visual por este objeto. En una escala de 0 a 10, ¿cuánta hambre sientes por este objeto basándote en lo que ven tus ojos?

4. **Hambre olfativa**. Ahora investígalo con la nariz. Huélelo, refresca la nariz y vuelve a olfatearlo. ¿Cambia eso tu idea acerca de si pudiera ser comestible? A continuación, evalúa tu hambre olfativa. En una escala de 0 a 10, ¿cuánta hambre sientes por este objeto basándote en lo que huele tu nariz?
5. **Hambre bucal**. Ahora investiga el objeto con la boca. Mételo en la boca, pero **no lo muerdas**. Puedes darle vueltas y explorarlo con la lengua. ¿Qué notas?

   Ahora puedes morder el objeto misterioso, pero solo una vez. Tras morderlo vuelve a darle vueltas en la boca y explóralo con la lengua. ¿Qué notas?

   El siguiente paso consiste en evaluar tu hambre bucal. En una escala de 0 a 10, ¿cuánta hambre sientes por este objeto basándote en lo que la boca siente y saborea? En otras palabras, ¿hasta qué punto quiere la boca seguir experimentándolo?
6. **Hambre estomacal**. Ahora decides correr un riesgo y comerte el objeto desconocido. Lo masticas con lentitud, notando los cambios de textura y sabor que se producen en la boca. Te lo tragas. Investigas si ha quedado algún trozo por ahí dando vueltas. ¿Qué hace la lengua cuando has acabado de comértelo? ¿Durante cuánto tiempo sigues manteniendo su sabor?

A continuación, evalúa tu hambre estomacal. ¿Se siente el estómago lleno o no, está satisfecho o no? Evalúa el hambre estomacal en una escala de 0 a 10. En otras palabras, ¿hasta qué punto quiere el estómago más de lo mismo?

7. **Hambre celular.** Sé consciente de esa comida pasando al cuerpo. La absorción comienza tan pronto se empieza a masticar. ¿Existe alguna sensación que te indique que este objeto está siendo absorbido? ¿Cómo lo reciben las células del cuerpo?
8. **Hambre mental.** ¿Puedes escuchar lo que dice la mente sobre la comida? (Sugerencia: a menudo la mente habla en términos de "debiera" o "no debiera".) A continuación, evalúa tu hambre mental. En una escala de 0 a 10, ¿hasta qué punto quiere la mente más de lo mismo?
9. **Hambre del corazón.** ¿Dice el corazón algo sobre esta comida? Valora en una escala de 0 a 10 lo tranquilizadora o reconfortante que resulta. ¿Le gustaría al corazón probar más?

Tal vez quieras repetir este ejercicio con un líquido. Elige una bebida que no hayas probado antes, como un zumo de frutas exóticas. Tómate tu tiempo y evalúa cada tipo de sed por separado.

Al principio, tal vez este ejercicio nos parezca difícil. Al igual que sucede con todos los aspectos de la práctica, cuanto más lo haces, más se abre su consciencia. Si intentas realizar este ejercicio con muchos tipos de comida y bebidas, poco a poco podrás ir sintiendo y evaluando los distintos tipos de hambre con mayor facilidad. Al continuar practicando el comer con atención irás desarrollando habilidad y confianza en una nueva relación con la comida, más equilibrada. Podrás alimentar el cuerpo, el corazón y la mente y recobrar una sensación de comodidad y disfrute al comer.

Uno de los aspectos esenciales de comer conscientemente es el irse volviendo más inquisitivo e interesarse más en la sensación del hambre misma. En el siguiente capítulo exploraremos las siete clases de hambre que hemos abordado en este ejercicio.

2. Las siete clases de hambre

Comer conscientemente empieza, al principio, con hambre. Tal vez ya hayas oído la famosa pregunta Zen: «¿Cuál es el sonido del aplauso de una sola mano?». En el comer atentos podríamos preguntarnos: ¿Cuál es el sonido del hambre? ¿A qué sabe? ¿Dónde reside el hambre en el cuerpo? ¿Qué provoca la aparición del hambre?

Hay un dicho Zen: «Cuando tengas hambre, come». Suena muy simple, pero no lo es. Para la mayoría de nosotros, de niños *sí* que era fácil. Hay estudios que demuestran que los bebés y los niños pequeños cuentan con una sensación intuitiva acerca de qué y cuánto comer. Cuando a los bebés se les ofrecen distintos alimentos en la bandeja de sus tronas, para consternación de sus padres, tal vez solo coman una cosa e ignoren el resto. Su madre puede desesperarse y pensar: «¿Cómo crecerá sano si todo lo que come es puré de patatas?». Si los investigadores son capaces de convencer a la madre para que se relaje, espere y observe, podrían demostrarle que a lo largo de una semana su bebé comerá muy bien, como si estuviese siguiendo los consejos de un nutricionista interior. Los bebés están sintonizados con los mensajes de su cuerpo. Si se les ofrece la posibilidad de elegir y el tiempo para hacerlo, acabarán comiendo, de manera equilibrada, las cantidades adecuadas de calorías, vitaminas y minerales, proteínas, grasas e hidratos de carbono. Se trata de una habilidad, de una escucha interior, de la que todos disfrutamos en un momento dado, pero que olvidamos al hacernos mayores.

¿Te has fijado en cómo comen los niños sanos? Se pasan la mañana jugando, llegan, se sientan a la mesa y, con un apetito que resulta obvio, comen lo necesario. Luego vuelven a salir corriendo para irse otra vez a jugar. Tal vez haya que llamarlos varias veces para que vengan a comer. Las comidas son unas cortas pero necesarias paradas de avituallamiento entre momentos de juego. Comer es algo secundario en el asunto de ser niño.

Cuando esos comedores intuitivos van creciendo, comer va dejando de ser una parada de avituallamiento. La comida empieza a tener otras razones de ser. Se utiliza para calmar, distraer, andarse con dilaciones, insensibilizar, entretener, seducir, recompensar e incluso castigar. La antaño relación directa entre hambre, comer y satisfacción de nuestra infancia se enreda con todo tipo de pensamientos y emociones.

De adultos podemos encontrarnos con que hemos de *apartarnos* de cenar y obligarnos a *no* comer. El tema de comer ha alcanzado una importancia desmesurada, convirtiéndose en una especie de medicina instantánea para afrontar las numerosas presiones y ansiedades de nuestras vidas agitadas. Nuestro comer acaba estando dirigido por muchas y distintas fuerzas, por muchos tipos de hambre.

¿Qué nos ha sucedido al hacernos adultos para que hayamos convertido nuestra hambre natural y nuestra manera fácil de hallar satisfacción al comer en un complicado problema? La respuesta tiene dos partes. Primera, nuestro entorno nos ha enseñado hábitos vanos para relacionarnos con comer y la comida. Luego, nuestras mentes tomaron el control de nuestros cuerpos. La inteligencia que tuvimos de niños desapareció bajo la presión de nuestros ansiosos cuidadores. Al tiempo que su afecto por nosotros se fue metamorfoseando en angustia, nuestra sabiduría innata respecto al comer y nuestro placer innato al alimentarnos empezaron a difuminarse. Arruinaron nuestro apetito natural con su amor hacia nosotros.

Tal vez, la familia de tu padre era pobre y durante su niñez se vio expuesto a una ansiedad permanente sobre si mañana habría comida suficiente en la mesa. Tu padre decidió que sus hijos nunca pasarían por eso, y por ello se enorgullece de preparar chuletones cada sábado por la noche. Te dijo: «De niño, apenas tuvimos la suerte de probar la carne. Muchos niños se mueren de hambre porque no tienen nada que comer, ¡así que cómete el bistec!». No tenía importancia que no te gustase la carne, o que el trozo que no querías no pudiese enviarse por correo a África, o que tus padres te sirviesen raciones demasiado grandes. Te sentías culpable por no ser capaz de obedecerlos, por no apreciar todo lo que habían tenido que trabajar para ofrecerte todo aquello, y por comer mientras veías los rostros de gente pasando hambre en las noticias de la noche.

En los restaurantes aumentaba la presión: «¡Me cuesta un ojo de la cara, así que cómetelo todo!». El hábito que desarrollaste en tu infancia de dejar limpio el plato puede que te ahorrase un montón de problemas por entonces. Pero te va a *causar* un montón más si persistes en la costumbre al entrar en la mediana edad. A menos que seas leñador o nadador olímpico, dejar el plato vacío en un restaurante en la actualidad puede, con facilidad, aportarte el doble de las calorías que puedes quemar en un día. Los tamaños de las raciones que sirven en muchos restaurantes son entre dos y cinco veces más grandes ahora que lo que les servían a nuestros padres.

Otro ejemplo. Digamos que te rebelaste ante el hostigamiento continuado de tus padres. Digamos que te decían que no tomases café porque no te dejaría crecer, o que debías comer las verduras antes de tener derecho al postre. Decidiste que en cuanto te marchases de casa tomarías café y comerías postre cuando te diese la gana. Ese tipo de reacción con respecto a lo que tus padres te obligaban a hacer se denomina pauta de hábito reactivo. Te vas de casa pensando: «Por fin soy libre», pero no es así. Cuando nuestro comportamiento está controlado por pautas de hábitos reactivos desde la infancia, seguimos atados a nuestros padres. No somos libres.

La práctica de mindfulness cuenta con el potencial de liberarnos de las pautas de hábitos reactivos que llevamos con nosotros. Puede liberarnos de las voces y emociones indeseadas que se han apoderado de nuestra comida y que sazonan nuestros alimentos, oscureciendo su sabor y privándonos de nuestro derecho natural, que es comer sencillamente y disfrutar de ello.

Las enseñanzas Zen nos animan a no preocuparnos sobre quién inició toda esta ansiedad y culpabilidad, ni a quién hay que culpar de nuestras pautas y hábitos malsanos con respecto a la comida. Decimos que ese tipo de dificultades son una parte normal del crecer como seres humanos. Todo el mundo se golpea, sufre rasguños y heridas al ir creciendo. No hay que buscar a nadie fuera ni dentro de ti mismo para echarle la culpa.

La cuestión que nos *interesa* es si podemos cambiarlo. Y si es posible, ¿quién puede hacerlo? La respuesta a lo primero es que sí. Es posible –a través del poder del ser conscientes– desbloquear pautas de hábitos reactivos y cambiar de manera natural nuestro enfoque de la salud. ¿Quién puede hacerlo? Solo tú. Tú, tal como eres. No es necesario que estés en posesión de una cantidad concreta de valor para mirar cara a cara lo que sucede en cada momento. Cuentas con ese coraje, o si no, no estarías leyendo este libro. También necesitas el apoyo y los ánimos de otros que asimismo han decidido seguir adelante con ese cambio.

Todos nosotros queremos dirigirnos hacia una mayor libertad, pero la experiencia de la libertad no es algo que suceda de la noche a la mañana. A menudo nos lo ponemos demasiado complicado, como ocurre con los propósitos para el Año Nuevo. Eso no comporta más que frustración y el aumento de las críticas internas. Podemos empezar con buen pie si rebajamos nuestras expectativas e iniciamos nuestro comer conscientes dando un sorbo consciente al té por las mañanas. Tomarnos un instante para ser conscientes del color del té, de su fragancia. Sentir el líquido en la boca y la garganta. Abrir la consciencia a la presencia de un sol cálido, una lluvia refrescante y una tierra oscura, todo ello en un simple sorbo de té. Todo se desplegará a partir de este simple acto. Ser consciente durante unos pocos instantes parece una fruslería. Pero no subestimes el poder de mindfulness. Gracias a esos pequeños instantes de mindfulness podemos invertir viejos hábitos e iniciar un movimiento interior hacia la salud.

¿Qué te gustaría comer?

Antes de trabajar con mindfulness mientras comemos, hemos de tomar consciencia de lo que nos impele a comer. La mayoría te dirá que come porque tienen hambre. Pero cuando pides a las personas que describan cómo saben que tienen hambre, se quedan desconcertadas.

Una de las razones por las que se desorientan con el hambre es porque sienten distintas clases de hambre. Todos estos tipos son en realidad experiencias. Suceden como sensaciones, pensamientos e incluso emociones en el interior de nuestros cuerpos, mentes y corazones.

Existen muchas razones para la sensación de "tengo hambre". Pudiera ser que no hayamos comido en dos días. Tal vez estemos cansados, angustiados o nos sintamos solos. Algunas de nuestras experiencias de hambre no son de hambre de comida, pero cuando las sentimos, tratamos erróneamente de aliviarlas comiendo. Con mindfulness podemos empezar a desenredar y separar esas distintas experiencias de hambre. Solo entonces podemos responder a cada una de ellas de manera apropiada e íntegra.

El tipo de hambre más básico es el psicológico. Es la demanda de alimento por parte del cuerpo. Sucede cuando las reservas de energía están bajas y las células nos piden más combustible para seguir manteniéndonos calientes y vivos. Por ejemplo, cuando tenemos el cuerpo frío necesitamos calorías que quemar para mantenernos calientes. Es típico tener más hambre en invierno y ganar algunos kilos de grasa aislante. En un clima cálido perdemos el apetito, comemos ligero y nos mantenemos frescos perdiendo unos kilos. Si somos capaces de percibir y responder al hambre celular, de la manera en que lo hacen los animales salvajes, podremos alimentarnos de una manera sana y sencilla. Cuando tengamos hambre, comeremos. Cuando no, no. La vida sería más sencilla.

La belleza de un ser humano radica en que estamos constituidos por más impulsos que los necesarios para la simple supervivencia. Nos encanta la comida. Nos llama a través de los sentidos, de los ojos, del olfato, al hacérsenos la boca agua, de nuestro corazón anhelante. Cuando se activan los sentidos podemos responder de manera automática, llevándonos comida a la boca. A fin de no dejarse engañar, de crear cierto espacio para la posibilidad de cambio, debemos observar cuidadosamente lo que sucede en el interior de nuestro ser. Es necesario que insertemos un diminuto instante de reflexión antes de pegarle un mordisco a un pedazo de *pizza* o atacar un *brownie* de chocolate. Parece fácil, pero puede convertirse en un desafío interesante.

Este capítulo explora las clases de hambre que hemos descubierto en nuestros talleres de comer atentos. Son: hambre visual, hambre olfativa, hambre bucal, hambre estomacal, hambre celular, hambre mental, y hambre del corazón. Además de esas siete clases, está el hambre que en realidad es sed. Después de aprender a sintonizarnos con esos distintos tipos de hambre, podemos sentarnos y realizar una rápida evaluación antes de comer: ¿cuál es mi nivel de hambre visual en una escala de 1 a 10? ¿O hambre bucal? ¿O hambre celular? Una vez que lo sepamos podremos comer apropiadamente y satisfacer todas las partes en nosotros que se sienten hambrientas. Podemos disfrutar verdaderamente de la comida.

Hambre visual

Acabas de dar cuenta de una gran comida con un pequeño grupo de amigos en un restaurante.

La atmósfera es alegre y distendida, y la comida estaba deliciosa. La camarera se acerca y pregunta:

–¿Les traigo el carrito de los postres?

Empiezas a protestar mentalmente: «La verdad es que estoy lleno», pero te descubres diciendo:

–Echar un vistazo no nos hará daño.

Aparece el carrito. La mirada repasa una oferta de lo más atrayente: tarta de limón casera con una flor de helado montado encima, una *mousse* de chocolate negro con virutas de jengibre, una generosa ración de pastel de manzana rezumando su relleno de caramelo, tarta de queso neoyorquina con salsa de frambuesa... Vaya...

Aunque el estómago protesta: «Estoy demasiado lleno. Por favor, ¡basta!», la mirada se ha quedado prendada (y resulta difícil despedir a la joven camarera sin pedir nada). Ya no se trata de decidir si tomar postre, sino qué postre tomar. Ha ganado el hambre visual, el comer con los ojos. Los ojos dicen: «¡Me lo puedo comer!», aunque el hambre estomacal y celular estén saturados, más que saciados.

Los publicistas conocen muy bien lo de comer con los ojos. Se las ingenian para presentar maravillosos anuncios de alimentos en revistas, carteles, la televisión y en las pantallas de los cines. Hay fotógrafos cuya especialidad es la comida, a fin de maximizar su seducción a través del portal ocular. Los ojos miran, la mirada se cuelga y envía señales a la mente, que dicen: «¡Tenemos hambre de eso!». La mirada puede convencer a la mente para que se olvide de los mensajes del estómago y el cuerpo, incluso cuando estos no tienen hambre.

Tras una buena cena en un restaurante, tú y tus amigos decidís iros al cine. Mientras ocupáis vuestros asientos, en la enorme pantalla van aparecieron estupendos anuncios de comida y bebida: Raisinets (pasas recubiertas de chocolate), Good & Plenty (caramelos de regaliz), Butterfingers (golosina de mantequilla de maíz), nachos con queso, palomitas de maíz con mantequilla caliente, Coca Cola y Pepsi. Acabáis de comer, pero ver el caramelo cayendo de unas barras Snickers de un metro de longitud os hace comerlo todo con los ojos. La mente está de acuerdo. La película durará un par de horas... y además, siempre hay sitio para una barra de Snickers.

O tal vez decidas que ya no te cabe nada más. No obstante, algún amigo ha comprado un cubo gigante de palomitas y tiene el detalle de pasártelo. Huele tan bien... Puedes elegir entre respirar hondo y disfrutar del aroma («¡pero qué dices!») o empezar a masticar («¡normal!»).

En general, la gente decide la cantidad de algo que comerá basándose en la información de la vista. Los ojos dicen algo como: «Vamos a comernos la mitad de eso», o: «Comámoslo todo». En su libro *Mindless Eating: Why We Eat More Than We Think*, Brian Wansink describe estudios que demuestran que cuando a alguien se le ofrece un cubo enorme de palomitas de maíz, gratis pero revenidas, meterá la mano más veces en el cubo y comerá 173 calorías más que los que tienen entre manos un cubo de tamaño mediano. Y eso sucede independientemente de si acaban de comer una comida completa o no. En otras palabras, la mirada contará más que la información procedente de la boca («Estas palomitas revenidas saben a porexpán») y la del estómago y el cuerpo («No me agobies, solo estoy comiendo»). Los oídos son co-conspiradores. Es difícil escuchar cómo mastican quienes te rodean en el cine y resistir el deseo de unirte a ellos.[1]

Los investigadores querían saber hasta qué punto el poder de la vista podía pasar por encima de otras señales de saciedad. Inventaron el tazón de sopa sin fondo, que se iba rellenando según se iba comiendo. Tras 20 minutos comiendo, la gente con los tazones sin fondo ¡seguía sin darse cuenta de lo que ocurría! Aunque quienes pasaron por los tazones sin fondo comieron el 73% más sopa que quienes utilizaron tazones normales, estimaron que habían comido la misma cantidad de calorías que el resto.[2]

Los ojos también tienen el poder de pasar por encima de la boca. En *Mindless Eating*, Wansink cuenta la historia de un cocinero de la Armada cuya dotación le pedía gelatina de cereza. Como no la tenía a mano se dio cuenta de que podía hacerles creer que comían gelatina de cereza con solo añadirle colorante rojo a una gelatina de limón.[3]

Incluso los expertos –los que llevaron a cabo estos estudios– pueden ser engañados por la vista. En una fiesta se servían y comían bastante más helado de la cuenta, sin ser conscientes de ello, de si a los invitados se les suministraba cucuruchos grandes y tazas grandes. Si le damos la vuelta a eso, veremos que podemos utilizar el poder de comer con los ojos en beneficio nuestro. Las personas que desean comer menos deben utilizar platos, tazas y cubiertos de servicio más pequeños. Pueden llenarse el plato, pero al menos la mitad de este deberá estar ocupado por verduras y ensalada, y la otra mitad con proteínas y almidón.[4] La mezcla de colores y formas satisface el hambre visual, la variedad de sabores y texturas satisface el hambre bucal, y el equilibrio de nutrientes satisface el hambre celular.

Los ojos pueden provocar que sintamos hambre al leer sobre comida. La primera vez que me casé acababa de finalizar la universidad. Como quería saber cómo ser esposa y cocinera, leí *The Joy of Cooking*, que fue el regalo de bodas de mi abuela. Al ir leyendo me fue entrando hambre. La boca se me hacía agua mientras leía *palabras* sobre comida, que evocaban imágenes de platos deliciosos. Empecé a cocinar a mi manera basándome en el libro. También comí de la misma forma. Planeaba las comidas empezando con el postre y continuaba hacia atrás. Era alguien que nunca se pesaba porque siempre parecía pesar lo mismo... hasta que me di cuenta de que la ropa se me había quedado pequeña. Mi esposo comentó que tenía un aspecto *zaftig* (en yidis, "rellenita y jugosa").

Además de la dificultad con la ropa, empecé a mostrarme reservada. Mientras mi esposo estaba trabajando yo horneaba, por ejemplo, una bandeja de *brownies* de dulce de chocolate. Esa noche, tras la cena, nos comíamos uno o dos cada uno. Al día siguiente, cuando él se iba a trabajar, iba dando cuenta del resto, hasta que se acababan. Temerosa de que se diese cuenta y sintiéndome culpable por haberme comido de una sentada el postre de cuatro días, horneaba otra bandeja. Así que "tenía" que comerme de dos a cuatro *brownies* más para que la bandeja pareciese la misma que la de la noche anterior.

En ese momento me di cuenta de que tenía problemas. Cuando encontré una báscula comprobé que había engordado casi siete kilos. Comprendí que no comía por hambre, sino a causa de una mezcla de aburrimiento y creatividad frustrada. Busqué trabajo, me ocupé y poco a poco recuperé mi talla normal. También empecé a sentir un sano respeto por el sufrimiento de las personas que luchan con la comida.

EJERCICIOS

Ser consciente del hambre visual

Cuando te sientes a comer, dedica unos momentos a observar la comida. Fíjate en los colores, texturas, formas y su disposición en el plato. ¿Qué le parece la comida a la mirada?

Compra o pide prestada una revista femenina, como **Woman's Day** o **Martha Stewart Living**.

Hojéala, fijándote en las fotos que más llaman la atención del hambre visual. ¿Cuántas fotos te dan hambre en una revista?

Si en la revista hay recetas, intenta leer algunas sin fijarte en las fotos (resulta difícil ignorarlas; las hacen muy atractivas a propósito). Tal vez funcione mejor si alguien te lee las recetas en voz alta. Fíjate en si escuchar las recetas te da hambre o no.

Cuando vayas a un restaurante, fíjate en todo aquello que atraiga el hambre visual. Incluye en tu estudio el menú y cualquier exposición de platos.

Satisfacer el hambre visual

¿Qué satisface el hambre visual? La belleza. Recuerda esta experiencia común del hambre visual: acabas de dar cuenta de una comida que te ha llenado y luego llega el carrito de los postres. Si estos estuviesen mezclados en una misma fuente, conformando una fangosa mezcla de tarta de queso deshecha, *strudel* de manzana, *mousse* de chocolate y merengue de limón, dirías que no. Lo que te convence para ingerir esas calorías de más es el atractivo que tiene para la mirada, la belleza de cada postre.

Para satisfacer el comer con los ojos, el hambre visual, hemos de preguntarnos qué es hermoso.

Los japoneses son maestros en el arte de comer con los ojos. En una comida formal tradicional suele haber entre 12 y 15 platillos, siendo cada uno de ellos una obra de arte apropiada para la estación. Cada propuesta es descrita por la camarera, que utiliza una vocecita tranquila y cantarina. Primero trae un pequeño cuenco de sopa clara con unas cuantas peladuras de limón y unas hierbas aromáticas, luego un poco de tofu recién preparado, con un adorno de miso de sabor acre, hecho a la plancha y que descansa en un fondo de hojas de helecho, seguido de setas *matsutake* con fragancia pinal sobre una hoja de arce amarilla y naranja. Con cada cuenco –creado artesanalmente– que se vacía, hace aparición otro pequeño tesoro: un brote fresco de bambú delicadamente tallado, unas cuantas rodajas de boniato horneado, un tembloroso trozo cuadrado de tofu de sésamo..., cada uno de ellos con su propia salsa y exquisita decoración.

Puedes seguir sentado durante horas, como un rey o una reina, recibiendo pequeñas obras de arte, presentadas una a una, para que puedan ser bien apreciadas. Te marchas satisfecho, alimentado absolutamente a través de todos los sentidos y conmovido en el fondo de tu corazón por la delicada atención que resulta palpable en todo lo que has comido.

Nuestra mirada siente hambre. Cuando estamos distraídos y no nos fijamos realmente en las cosas, nos sentimos algo insatisfechos y desconectados. Imagínate corriendo para llegar a trabajar. Pasas a toda velocidad junto a tu hijo o pareja y te despides de ellos con un rápido beso en la mejilla. Esta costumbre, de no fijarte realmente, de hacer que nuestra mirada resbale sobre la superficie de las cosas, nos deja hambrientos y solos de una manera fundamental. Cuando nos detenemos y nos fijamos o miramos conscientemente, conectamos. Una breve conexión de ese tipo puede elevar nuestro humor y alimentar nuestro corazón durante horas. Cuando *miramos de verdad*, todo lo que vemos se torna hermoso: las grietas en la acera, una planta muerta, las arrugadas manos de una anciana. Los navajos advierten a su pueblo: «Caminad por la belleza». Cuando nuestra mirada está atenta, todo es hermosura y todo el mundo camina por la belleza.

EJERCICIO

Crear una fiesta para los ojos

Intenta hacer una comida atenta una vez a la semana, tanto para ti mismo como cuando te inviten. Puedes sacar tu vajilla más granada, un buen mantel, incluso un jarrón de flores y una vela. Dispón los alimentos de manera atractiva, como si tuvieses invitados. Al comer, permite que tus ojos se "alimenten" no únicamente con la comida, sino con el resto de aspectos de la mesa.

En las clases de comer con atención servimos manzanas en dos fuentes diferentes. La primera resulta poco atractiva, a propósito, y contiene manzanas de aspecto mediocre. La segunda contiene rodajas de manzana cuidadosamente dispuestas sobre un lecho de hojas y flores. Los asistentes evalúan cada una de ellas respecto al hambre visual (en Japón, no comen manzanas o peras enteras, siempre están cortadas y bellamente presentadas).

EJERCICIO

Alimentar el hambre visual sin comer

Al ir avanzando por el libro aprenderás a observar tu hambre con mayor curiosidad y atención. A veces descubrirás que cuando tienes hambre, no es que tu cuerpo quiera comida, sino que tus ojos tienen hambre de belleza.

Experimenta con alimentar el hambre visual por sí misma, sin comer nada. Encuentra algo hermoso o al menos interesante para la vista. Detente y míralo realmente durante unos pocos minutos, bebiéndotelo con los ojos. Podrían ser los pétalos de color de una flor, un cuadro en la pared o las muchas tonalidades de hojas que te ofrecen los árboles al otro lado de la ventana de la oficina. Los jardines o las tiendas de telas son sitios estupendos para alimentar la mirada de colores, patrones y texturas. Lo que elijas mirar debe ser tan simple como la pintura de las paredes o los dibujos y texturas de una acera de cemento.

Imagina que la energía que irradia esa visión entra por tus ojos y es absorbida por el cuerpo. Alimenta la mirada tanto como quieras. Descubrirás que al alimentar la mirada también alimentas el corazón.

Hambre olfativa

Tomé súbita y profundamente consciencia del hambre olfativa cuando se abrieron las puertas del tren lanzadera del aeropuerto. Habíamos pasado 16 horas de vuelo, embutidos en asientos enanos sin opción de hacer ejercicio, narcotizados durante las horas insomnes por seis películas mediocres y comidas de avión en momentos en que no se adecuaban a los deseos de ser alimentados de nuestros cuerpos. Con una tendencia al estreñimiento en los largos viajes sentada, aterricé sintiéndome agotada, pachucha e incómodamente llena. Me vi arrancada de forma abrupta de esa modorra cuando el olor de una salsa de tomate caliente y picante se coló a través de las puertas abiertas del tren. «¡Huele a *pizza*! ¡Quiero!», aulló mi mente.

Por fortuna, los mensajes del resto de mi cuerpo eran muy claros. «¿Estás loca? No vas a convencer a la boca para dar ningún bocado hasta que te deshagas de ese tapón que llevas encima.» El olor a comida despertó un deseo de "comida sencilla", comida que en realidad no hubiera sino aumentado el sufrimiento de mi pobre y agotado cuerpo. Se trataba de una evidencia más de que la disonancia con la comida empieza con la falta de consciencia en el interior del cuerpo, el corazón y la mente.

El olor ejerce un efecto potente y primitivo en la mente subconsciente. Tal vez sea porque los nervios olfativos son cortas extensiones del cerebro, o porque el sentido del olfato fue muy importante para nuestros ancestros. Dependieron de su sentido del olfato para localizar comida y distinguir a los amigos de los enemigos en los bosques o en la oscuridad de la noche. Un buen sentido del olfato resultaba protector, pues indicaba qué alimentos podían ser comestibles y proporcionaba avisos cuando la comida estaba echada a perder. Los seres humanos no son los mejores olfateadores del reino animal, pero siguen pudiendo distinguir 10.000 olores diferentes.

Lo que llamamos "sabor" o "gusto" es sobre todo el *olor* de la comida. Nuestras lenguas solo pueden identificar cinco sabores: dulce, salado, agrio, amargo, y aminoácidos (un sabor como de proteína). ¿Has perdido alguna vez el sentido del olfato al estar resfriado? Si te encanta comer, puede resultar angustioso. Cuando no podemos oler la comida, la percibimos como casi insípida. Sin olor se pierden todas las sutilezas del sabor. La comida se convierte entonces en algo que hay que consumir porque el cuerpo necesita combustible. Podrías muy bien ahorrar dinero y tiempo comiendo galletas para perros. En esos momentos resulta interesante prestar atención a lo que se puede detectar, que son solo los cinco sabores básicos que identifica la lengua. Las únicas características aparte que puedes captar radican en las texturas de los distintos alimentos, blandos o crujientes. Solo cinco sabores y unas pocas texturas no bastan para interesarnos.

Las empresas del ramo son muy conscientes del hambre olfativa y cuentan con esta para seducirte. Piensa en los olores de una panadería, una cafetería, un chiringuito de comida rápida, o de un puesto de bollos de canela que llena el centro comercial de aromas irresistibles. Los olores adecuados nos harán comer más. Cuando los investigadores impregnaron tazones de plástico con el olor artificial de canela y pasas, la gente comía más avena a secas que cuando los cuencos estaban perfumados con un aroma discordante, como macarrones con queso.[5] Yo ya no puedo comer chocolate, pero cuando sirvo, por ejemplo, trufas de chocolate, cojo una, la huelo profundamente y me limito a disfrutar del aroma. Es casi tan bueno como comértela.

EJERCICIOS

Ser consciente del hambre olfativa

Este no es un ejercicio que haya que hacer cuando se come en compañía de gente muy bien educada (a menos que quieras desembarazarte de ella). Espera hasta estar solo o con alguien a quien puedas explicárselo.

1. Antes de empezar a comer, huele la comida. En lugar de inclinarte para olfatear los alimentos, levanta el plato, cuenco o trozo de comida hasta la nariz e inspira hondo, como si fueses catador de vinos. Hazlo varias veces, intentando detectar todos los componentes de los olores que puedas. Puedes imaginar que te han pedido que adivines los ingredientes o que escribas una descripción del aroma.
2. Mientras comes, continúa siendo consciente del olor (que también llamamos sabor). Al masticar, fíjate si el sabor es más intenso inspirando o espirando, o bien si cambia.
3. Tras acabar de comer, siéntate unos instante y fíjate en cuánto tiempo continúas saboreando la comida. Si decides no tomar otro bocado hasta que no dejes de saborear los alimentos que acabas de ingerir, observa cuánto tiempo puede transcurrir.

Satisfacer el hambre olfativa

El hambre olfativa se satisface mediante la fragancia. En una ocasión le preguntamos a mi maestro Zen, Maezumi Roshi, por qué ofrecíamos incienso cuatro veces al día como parte de nuestros servicios. Contesto inmediatamente: «Porque se trata de alimento para los antepasados. Quienes han muerto carecen de cuerpo. Esta fragancia es lo que los alimenta». Mi mente científica se quedó un tanto aturdida, pero mi mente de practicante incorporó esta información, que he contemplado y utilizado al comer conscientemente desde entonces.

EJERCICIOS

Alimentarte con fragancia

Se trata de una meditación encantadora y sutil sobre la respiración y el olfato. Al respirar, mantén la consciencia de los cambios en el aroma mientras inspiras y espiras. Ser consciente del cambio del torrente de olor es una meditación más delicada y difícil que serlo de cambios en lo que otros sentidos captan, como el sonido o tacto.

Tal vez prefieras iniciar esta práctica en un entorno en el que el aroma sea muy obvio. Puede tratarse de la sala de meditación donde quema incienso o de un centro comercial inundado del olor de los bollos de canela. Si tu sentido del olfato no es bueno, puedes intentar meditar en los olores de un patio de restaurantes o en tu espacio de meditación en casa mientras alguien prepara la cena.

Una vez que cuentes con cierta práctica en la consciencia de olores obvios, intenta la meditación sobre fragancias externas, sobre todo por la noche, cuando no te distraigan tanto los fenómenos visuales.

Este es un ejercicio muy drástico. Imagina que entras en una esfera de existencia (tal vez tras la muerte) en la que careces de cuerpo, disponiendo, eso sí, de aportaciones sensoriales y consciencia. Te alimentas únicamente de olores. "Aliméntate" colocando algo con un agradable aroma en un pequeño cuenco o taza, como una cucharadita de vainilla, o un aromatizante de almendra, o un poquito de especias como nuez moscada o canela. Inhala la fragancia, imaginando todo lo intensamente que puedas que te nutre.

¿Qué percibes? ¿Hay cambios en el cuerpo, el corazón o la mente mientras inhalas?

También puedes intentarlo con incienso, flores o hierbas aromáticas como la lavanda. Asimismo, puedes oler la cabeza de tu bebé o echarte junto a tu pareja por la noche e inspirar su fragancia, sintiendo que te alimenta. Recuerdo a mi hermana pequeña sentada en el radiador abrazando a nuestro gato cuando estaba enfadada. Se calmaba oliéndole la cabeza. Decía que olía a palomitas de maíz.

Hambre bucal

El hambre bucal es el deseo de la boca de sensaciones placenteras. Qué significa lo de sensaciones placenteras en la boca varía dependiendo de las personas. A mí, por ejemplo, no me gusta la salsa picante. Si la comida pica mucho, mi boca se angustia de tal manera que ¡lo único a lo que me sabe todo es a picante! Si como curry de gambas tailandés con mango, y si está cubierto de chile, para mí es como si estuviese salteado con arcilla. Sin embargo, a mi marido le encantan las salsas picantes de todo tipo. Dice que esa sensación ardiente en su boca incrementa el sabor de los alimentos.

Lo que experimente tu boca como placentero depende de factores genéticos, de los hábitos alimentarios en tu familia de origen, de tradiciones culturales y condicionamiento, lo cual significa asociar ciertos alimentos con otras experiencias agradables o desagradables. Las fresas con nata tendrían un atractivo totalmente distinto si las disfrutaste con un amante o si te las comiste en casa de tu abuela después de haberte mareado en el coche.

Un ejemplo de factor genético en el hambre bucal es la reacción de distintas personas al cilantro. La mayoría disfruta de esta hierba verde utilizada en la cocina mexicana y asiática. Sin embargo, a un 10% de la población, normalmente de origen europeo, su sabor le resulta nauseabundo. Lo describen diciendo que sabe a jabón, a pelo sucio, a goma quemada o a bichos machacados. La boca de algunas personas disfruta enormemente con el cilantro, mientras que las de otros se quedan hechas polvo. Parece ser un rasgo hereditario.

Otro ejemplo: hay una curiosa fruta tropical llamada durián, que huele a rayos, a cloaca. El olor es tan intenso que a veces en los autobuses tienen que echar a quien lleve durianes maduros. Algunas personas pueden ir más allá del olor y disfrutan mucho del sabor. Incluso hay adictos al durián. La capacidad de la boca para disfrutar del durián puede ser un rasgo genético, un comportamiento aprendido, o ambas cosas.

He aprendido un montón sobre diferencias culturales en términos de hambre bucal al viajar por el extranjero. Cuando vivía en África, recuerdo que se notaba claramente la animación cuando en el mercado de comida aparecía cierta exquisitez de temporada. La gente se apiñaba alrededor de unos montones de objetos marrones fritos en aceite abundante con una forma que recordaba a frutos secos, comprándolos a puñados y saboreándolos con las manos mientras se alejaban del atareado vendedor. Contagiada por su entusiasmo me acerqué, con el dinero en la mano, y compré una bolsita. Una vez en casa descubrí que ¡había comprado media libra de termitas! Comí una y luego le di el resto a nuestro pequeño lemúrido, la mascota, que se las zampó con fruición. A mí me da asco comer insectos fritos, pero al lemúrido y a los bantúes les encanta. Sin embargo, cuando los aldeanos africanos se enteraron de que comíamos cangrejos y langosta, pensaron que estábamos locos. Ningún ser humano debería comer semejante cosa, nos dijeron. La diferencia entre lo que nos puede parecer delicioso o vomitivo se debe sobre todo al condicionamiento. Depende de lo que nuestra familia o sociedad nos haya enseñado que era bueno comer y beber.

Hay un anuncio estadounidense de comida que promete «una fiesta en la boca». Al igual que las fiestas de juventud, una fiesta en la boca parece consistir en una sensación a todo volumen y explosiva. En Norteamérica, la industria alimentaria ha intensificado el nivel de sensación en la comida, en especial en los tentempiés, incluyendo más sal, más azúcar, más especias y más grasa... e incluso más acidez. Es algo de lo que te das cuenta rápidamente al viajar al extranjero. En Japón y Europa, los refrescos, tés y zumos tienen aproximadamente la mitad del nivel del dulzor de bebidas parecidas en los Estados Unidos. En realidad, allí los refrescos realmente refrescan, en lugar de dejar la boca con una desagradable sensación pegajosa. En Japón, los postres suelen ser ligeros, por lo general de fruta fresca.

La fruta japonesa se cultiva por el sabor, no, como en Occidente, pensando en la duración, teniendo en cuenta la cosecha mecánica y los envíos lejanos. En Japón, se come la fruta de temporada, madura. Las sutiles capas de sabor de las fresas en junio, los melones en julio, los melocotones en agosto y las uvas en septiembre son una experiencia desconocida para los norteamericanos.

Aquellos que crecen en las ciudades puede que nunca hayan comido una fruta recién cogida y que no tengan ni idea de a qué podría saber. La mujer que regenta la frutería cerca de mi casa me contó que se quedaba de piedra cuando veía a la gente joven descartar con disgusto los melocotones blandos y maduros. Preferían los duros y "verdes", aunque ella les advirtiera de que todavía no estaban maduros. Se sorprendía al verlos dar un bocado a un melocotón verde cuando se iban. Parece que hay toda una generación que ha crecido comiendo melocotones verdes e insípidos, pero muy duraderos, del supermercado. Esos jóvenes han sido condicionados para no gustarles la fruta blanda, jugosa y madurada de los árboles.

Además de menos azúcar, en la comida japonesa hay mucha menos grasa de la que estamos acostumbrados. En Japón, nunca acabas las comidas con los labios grasientos. Al principio, la grasa animal les resultaba desagradable a los japoneses, acostumbrados a comer pescado fresco, y antaño, a los occidentales, se les colocó un apodo despectivo que significaba "apesta como mantequilla". La comida tradicional japonesa tiene tan poca grasa que no necesita lavavajillas. Puedes lavar los platos con agua corriente. Mi primer maestro Zen no nos permitía lavar sus platos con jabón porque, aunque los escurriésemos bien, podía notar el residuo del jabón en su comida.

Una estudiante que se crió en Filadelfia me contó que de niña no le gustaban las cerezas. Cuando se hizo mayor y probó cerezas frescas por primera vez se sorprendió mucho. «Un momento, un momento –pensó–. ¡Esto me gusta! No pueden ser cerezas.» De repente se dio cuenta de que lo que no le gustaba era el sabor artificial a cereza. Las cerezas de verdad le sabían a gloria. Se está criando toda una generación que también cree que los diversos "sabores de frutas" de las gelatinas y zumos en polvo son los verdaderos sabores de las moras, uvas, manzanas, sandías y cerezas. Me pregunto si llegará un momento en que la fruta de verdad dejará de satisfacernos y solo nos colmará un sucedáneo caramelizado.

Lo que la boca demanda depende en parte del condicionamiento. La boca puede entrenarse para que disfrute del durián, las termitas, el sabor artificial de cereza y más o menos azúcar en los zumos.

Para experimentar verdaderamente «una fiesta en la boca», no necesitamos un aderezo más intenso, sino la presencia de estar conscientes. Para satisfacer el hambre de sensaciones de la boca, no basta con meter comida en la boca, masticarla y tragarla. *Si queremos sentirnos satisfechos al comer, la mente ha de ser consciente de lo que sucede en la boca. En otras palabras, si quieres disfrutar de una fiesta en la boca, debes invitar a la mente.*

Digamos que te acabas de sentar y estas disfrutando de un plato de pasta con tu salsa favorita. ¡El primer bocado sabe delicioso! Y el segundo también. Comentas algo sobre el condimento y luego inicias una conversación con tu amigo acerca de los mejores restaurantes en los que has estado y los mejores platos de pasta que te han servido. De repente, miras al plato ¡y está vacío! ¿Qué ha pasado con aquella fantástica pasta? Tras unos pocos bocados dejaste de saborearla, porque estabas ocupado hablando. En lugar de comer lo que tenías delante en ese momento, te pusiste a pensar en recuerdos de comidas del pasado. El hambre de tu boca no ha sido satisfecha. La boca pide una segunda ración. Sigue teniendo hambre. Si te pones a hablar o a ver la televisión mientras comes esa segunda ración, podrías sentirte extrañamente insatisfecho de nuevo, y necesitar un tercer plato.

Eso es comer inconscientemente. Es algo que hacemos todos. Podemos aprender a cambiarlo. Porque incluso un cambio pequeño, unos escasos minutos de comer atentos cada día, puede iniciar un cambio que nos conduzca a una manera distinta de experimentar el mundo que nos rodea y nuestro interior.

En el momento en que estamos dando cuenta de la tercera ración, el estómago se queja. Pero la boca puede seguir pidiendo más sensación, más comida. Si hubieras podido comer en silencio, sin distraerte, con la mente "en la boca", habrías tenido bastante con un plato. La clave para satisfacer el hambre de la boca es estar presente en la fiesta que hay en ella. Eso significa situar la concentración de la mente en la boca y abrir la consciencia a todas las texturas, movimientos, olores, sonidos y sensaciones gustativas del comer y beber.

EJERCICIOS

Ser consciente del hambre bucal

Sé consciente del hambre de la boca a lo largo del día. ¿Cómo te advierte: «Por favor dame algo»? ¿Cuáles son las sensaciones del hambre bucal? Fíjate en si sabes preguntarle a la boca lo que quiere y por qué. ¿Quiere algo salado, dulce, agrio, crujiente o cremoso?

Haz una pausa antes de comer, con la comida delante. Fíjate en los alimentos y sé consciente del deseo de comida de la boca. Evalúa el hambre de la boca en una escala de 0 (nada de hambre bucal) a 10 (mi boca está dispuesta a consumir cualquier cosa).

Mientras comes, haz una pausa cada 5 minutos para evaluar el hambre bucal. ¿Varía?

Nota: es más fácil seguirle la pista al hambre bucal si no haces nada más mientras comes, como hablar, leer o ver la televisión.

Cuando la boca parezca hambrienta, observa interiormente para comprobar que no sea sed en lugar de hambre. Aunque la boca diga que tiene hambre, intenta beber un vaso de agua, de zumo o un té y confirmar si hay algún cambio en el hambre bucal.

Cuando bebas, intenta mantener el líquido en la boca y saborearlo antes de tragar. En otras palabras, no te lo bebas de un trago. Puedes moverlo en la boca como si estuvieses enjuagándotela si eso te ayuda a mantener el sabor.

Satisfacer el hambre bucal

El hambre bucal se satisface con la sensación. La boca está "colgada" de la sensación, es un órgano de puro deseo. Nacimos con una boca que deseaba comida. Sin ella hubiéramos muerto. La boca desea diferentes sabores y texturas. Si no somos conscientes de lo que sucede en la boca, esta se sentirá privada permanentemente, convenciendo a la mano para que no deje de alimentarla.

La boca se aburre con facilidad. Resulta difícil estar presente con las sensaciones mientras continuamos masticando, cuando la intensidad del sabor empieza a desvanecerse y la textura se torna demasiado blanda. Cuando la boca se aburre, pide otro bocado. Si continuamos zampando bocado tras bocado, e ignoramos las señales de "lleno" que proceden del estómago, ingeriremos más comida de la que necesita el cuerpo.

Si la boca se acostumbra a ser continuamente estimulada, no se sentirá feliz estando vacía. Empezaremos a picotear continuamente, metiendo comida y bebida en la boca durante todo el tiempo que estemos despiertos. Cuando comemos inconscientemente, a lo mejor prestamos atención a las primeras masticaciones, o al primer bocado, pero nos metemos otra cucharada antes de haber tragado la primera. Miramos el plato y nos sorprendemos de que la comida haya desaparecido, y ni siquiera "mirábamos". Cuando comemos atentamente estamos prestando atención a los cambios continuos que se producen en la boca y que constituyen la variedad. Aunque los alimentos sean sencillos, como avena con leche o unas cuantas patatas chips en una fuente, cuando llegan los invitados de honor –la consciencia y la curiosidad–, incluso lo más aburrido pasa a convertirse en una fiesta interesante.

EJERCICIOS

Alimentar el hambre bucal

Explora el papel de la textura al alimentar el hambre bucal. Intenta comer los mismos alimentos hechos puré o enteros. Por ejemplo, puedes comer y comparar medio tazón de compota de manzana sin azúcar o una manzana cruda. Ambos tienen las mismas calorías. ¿Cuál te satisface más?

Intenta comerte una patata chip normal y una segunda mojada en agua. ¿Cuál te satisface más?

Masticar también puede ser una parte importante a la hora de satisfacer el hambre de la boca. Empieza evaluando el hambre bucal en una escala de 0 (nada de hambre) a 10 (muerto de hambre). Luego tomas 10 trocitos de comida, masticando cada uno al menos 15 o 20 veces. Si por lo general no sueles masticar la comida bien, necesitarás concederte tiempo de más. A continuación, vuelve a evaluar el hambre. ¿Qué has descubierto?

Hay una maravillosa meditación sobre la lengua. No la describiré aquí, pero puedes hallarla en la última pista del de la grabación de audio.

Hambre estomacal

¿Qué señales emite el estómago cuando tiene hambre? Para algunas personas, el hambre es una sensación de vacío en el abdomen, un agujero que requiere ser llenado. Otras experimentan opresión, como si el estómago intentase moler la comida que no está ahí. Oleadas de opresión y relajación, denominadas peristalsis, se suceden a través de los delicados músculos de nuestro estómago. Pocos dirían que se trata de sensaciones agradables.

Desde el punto de vista evolutivo, está muy bien que percibamos los "retortijones de hambre" como algo desagradable. De no ser así, podríamos morirnos de hambre. Como se trata de sensaciones desagradables, sentimos la infeliz urgencia de hacer algo para aliviarlas. A menudo suele describirse el hambre como la sensación de que algún animal nos estuviese royendo las entrañas. Así que el bicho gruñe y se queja hasta que le echamos comida por el túnel para aplacarlo.

Sin embargo, la idea de que el estómago nos avisa de cuándo debemos alimentarlo no es correcta. En realidad, somos nosotros los que le decimos al estómago cuándo tener hambre. Eso se produce a través de nuestros hábitos alimentarios. Cuando consumimos tres comidas al día siguiendo horarios regulares, el estómago se condiciona a esperar comida en esos momentos. Gruñirá si no lo alimentamos siguiendo el horario que le proporcionamos. Si nos desplazamos a una zona horaria distinta, el estómago aprenderá a gruñir a la nueva hora. Los que nunca desayunan no sienten retortijones de hambre a primera hora de la mañana. Pero los que sí lo hacen, sí los sienten.

Si ayunas durante más de tres días, los retortijones y los gruñidos desaparecen. El abdomen se siente plano, tranquilo y cómodo. Eso nos indica que el hambre estomacal no es una característica sólida y permanente de nuestras vidas, cuya avidez debamos obedecer. Lo que es mucho más importante y fundamental es que aprendamos a sentir el hambre corporal.

Por otra parte, si ignoramos las sensaciones de hambre, también acabaremos teniendo problemas. Lo más conveniente es tirar por el camino de en medio. Eso implica ser consciente de las señales de hambre de todo el cuerpo, no solo de las de un estómago que requiere comida a la misma hora todos los días. Significa no alterarse si el estómago gruñe si no comemos enseguida o si comemos menos. También nos dice que no debemos ignorar el cuerpo cuando nos indica que necesita combustible de calidad.

Eso suena complicado, pero con mindfulness para orientarnos, no lo será. Es cuestión de aprender a "escuchar" el cuerpo con el oído interno.

Dos son las áreas de potencial confusión respecto a las señales del hambre estomacal. Reflujo gastroesofágico (RGE) es el nombre médico para lo que la mayoría de la gente denomina ardor o acidez de estómago. Se trata de una afección en la que ácido procedente del estómago asciende al esófago y provoca irritación. Puede suceder si presionamos el estómago o nos ponemos cabeza abajo justo después de comer (no hagas abdominales ni el pino después de comer). Algunos alimentos también pueden desencadenar dolor procedente del esófago, sobre todo la comida picante o la cafeína. Si experimentan síntomas de RGE y los confunden con hambre, podrían comer más, pensando que así aliviarán el dolor. Pero puede tener justo el efecto contrario, provocando la liberación de más ácido y más reflujo al llenar excesivamente el estómago, agravando así los síntomas. Es el inicio de un círculo vicioso: sentirse incómodo, comer, sentirse más incómodo, y comer más.

Con la ansiedad puede darse el mismo tipo de confusión, pues a menudo provoca que el estómago gruña o se encuentre mal. Si confundimos ansiedad con hambre estomacal, podríamos comer, tratando de que el gruñido desaparezca. Por desgracia, comer no funciona. De hecho, puede desencadenar otro círculo vicioso. Es decir, cuando nos preocupamos por algo, nuestro estómago indica angustia, que confundimos con hambre y que nos lleva a comer. Así que nos sentimos todavía más ansiosos por todo lo que hemos comido sin necesitarlo realmente, y nuestro estómago da todavía más guerra. Volvemos a comer, creyendo que eso nos ayudará, pero no hace más que aumentar la sensación de culpa y vergüenza, aumentando nuestro malestar emocional y echando combustible al ciclo de angustia innecesaria.

Yo misma me descubro a veces en medio de ese ciclo cuando trabajo mucho para cumplir con los plazos. La ansiedad me hace picotear, atiborrándome inconscientemente porque estoy demasiado ocupada como para darme un descanso de verdad.

No pruebo lo que pico porque estoy distraída con el trabajo, así que acabo con el estómago lleno de comida basura y el cerebro espeso. Eso me provoca más tensión, lo que desencadena más síntomas estomacales. Así que picoteo todavía más.

La cura consiste en sentarme y ocuparme de mí misma de manera adecuada. Evalúo el hambre visual, bucal y estomacal. Reconozco que el estómago me ayuda al señalar mi ansiedad. Le agradezco el mensaje y prometo ocuparme de mis necesidades reales. Levanto las piernas durante un instante (aunque solo sea mentalmente) y bebo poco a poco una taza de té, o pelo una naranja, comiendo cada gajo con mucha lentitud. Me echo una siesta o voy a dar un paseo fuera durante unos minutos, llenando mis ojos de las muchas tonalidades verdes.

Regreso, renovada gracias a una corta pausa, tras haber cortado el ciclo de intentar tratar las preocupaciones y otras emociones incómodas de la cabeza llenándome el estómago, pobrecito, de comida.

En nuestros talleres de comer atentos hemos descubierto que muchas personas no son conscientes del hambre estomacal. Les desconcierta no saber cómo evaluar la experiencia de su estómago y no pueden obtener un valor respecto a si sus estómagos están llenos, medio llenos o vacíos. Para muchos es una revelación descubrir que pueden empezar a "escuchar" su estómago y actuar siguiendo su inteligencia. Cuando podemos utilizar esa herramienta, muy a menudo nos descubrimos a punto de meter comida en un estómago que, en realidad, no tiene hambre, un estómago que nos pide que esperemos un rato y que volvamos a evaluar el hambre en unas horas. Está muy bien eso de empezar a vivir en armonía con el cuerpo, de aprender de su sabiduría.

Los científicos y los médicos están empezando a darse cuenta de que el sistema digestivo posee una gran riqueza de nervios, hasta tal punto que hablan de él como de un "segundo cerebro" en el abdomen. Los japoneses hace mucho que lo saben. Tienen una expresión, *haragei*, que significa "sabiduría del vientre". Al comer atentos aprendemos a prestar atención a la inteligencia de las tripas.

EJERCICIOS

Ser consciente del hambre estomacal

Sé consciente de las sensaciones en el "estómago" durante el día. ¿Cómo te indica el "estómago" que tiene "hambre"?

- Sé consciente de cualquier sonido, sensación interna de presión o movimiento, calidez o frialdad, y demás, que indican hambre.
- ¿Qué sensaciones te indican que el estómago está vacío mientras comes? ¿Agradablemente lleno? ¿Empachado?
- ¿Hay otras situaciones además del hambre que hacen que el estómago sienta retortijones o molestias? ¿Qué crees que sucede en esos momentos?

- ¿Cuándo señala el estómago que tiene hambre? ¿En horas predecibles? ¿Cuándo se hace esa señal más intensa: antes de desayunar, al mediodía, por la tarde, antes de cenar o al acostarte?

Cuando sientas hambre, espera un poco antes de comer. Simplemente sé consciente de la sensación que denominas "hambre". Sé consciente de sensaciones e impresiones corporales y pensamientos. ¿Te resulta fácil o difícil sentir hambre y posponer el comer deliberadamente?

Satisfacer el hambre estomacal

¿Qué satisface el hambre del estómago? La cantidad adecuada y diversos tipos de alimentos. ¿Qué descubres cuando abres tu consciencia a investigar cuándo el estómago se encuentra en calma? Yo lo que veo es que al mío le gusta hacer su trabajo. No le gusta la sensación de sentirse muy lleno. El estómago no puede funcionar bien cuando está atiborrado. Aunque mi boca pudiera disfrutar estando llena la mayor parte del tiempo, mi estómago no está de acuerdo. Le gusta sentirse cómodamente lleno, en dos terceras partes. Pero también le gusta estar vacío y descansar.

EJERCICIOS

Ser consciente del hambre estomacal durante una comida

Cuando te sientes a comer, destina unos pocos segundos a evaluar el hambre estomacal en una escala de 0 a 10, siendo 0 no tener hambre y 10 "caerse de hambre".

Una vez que hayas comido la mitad de tu comida, deja de comer y destina unos segundos a volver a evaluar tu hambre estomacal.

Al final de la comida vuelve a realizar la misma operación. Para satisfacer el hambre estomacal hemos de alimentar al estómago con la suficiente comida, permitir que realice su trabajo y luego permitir que descanse. Al comer debemos detenernos periódicamente para comprobar el estado del estómago a fin de discernir cuándo se encuentra cómodamente lleno.

Hambre celular

De niños sintonizábamos con las señales del cuerpo que nos indicaban cuándo comer y cuándo dejar de hacerlo. De poder elegir, hacíamos caso de la consciencia instintiva acerca de qué alimentos y en qué cantidad estaba el cuerpo necesitado. Al hacernos mayores fuimos perdiendo esa sabiduría interior, soterrada bajo un confuso guirigay de otras voces internas y externas que nos decían qué debíamos comer. Recibíamos mensajes contradictorios de nuestros padres, de nuestros compañeros, de los anuncios y clases de salud, de los estudios científicos y los médicos, y de las películas y espejos. Esos mensajes crearon una confusión de deseos, impulsos y aversiones que nos tornó incapaces de comer sencillamente y de comer en su justa medida. Si lo que queremos es recuperar una relación saludable y equilibrada con la comida, es esencial que aprendamos a dirigir nuestra consciencia hacia el interior para así volver a escuchar lo que nuestro cuerpo nos ha estado diciendo siempre acerca de sus necesidades y satisfacción. Aprender a escuchar el hambre celular es la principal destreza del comer atentos.

Uno de los ejemplos más sorprendentes del hambre celular me llegó de la mano de un bebé. Yo era una nerviosa pediatra internista en mi primer destino, la sala de urgencias del Hospital Universitario de San Diego. En una calurosa noche estival llegó una pareja joven con su hijo de un año. Habían conducido durante varias horas bajo un calor de 38° C, atravesando el desierto en un coche sin aire acondicionado, desde Twenty Nine Palms, donde estaba destinado el padre. Por la noche se dieron cuenta de que el pequeño no se encontraba bien. Estaba muy débil y tan flojo que era incapaz de mantenerse sentado. Este tipo de casos hace saltar muchas alarmas en la mente de un médico joven. Hace que se materialice el espectro de cierto número de enfermedades mortales, incluyendo meningitis, polio y botulismo.

Me quedé tranquila tras examinar al niño. Estaba atento, me sonrió, y un examen neurológico descartó una infección o parálisis cerebral. Tenía la boca y el pañal húmedos, así que no estaba deshidratado. Sólo parecía carecer de energía para sentarse o gatear. Le pregunté a la joven pareja de padres qué había comido y bebido. Dejó de comer a causa del calor. Sus padres, preocupados por la idea de que pudiera tener diarrea por beber agua contaminada, solo le habían dado agua destilada, muchísima. De repente comprendí que el niño simplemente debía estar debilitado a causa de la carencia de sal.

En lugar de someterle a caros y dolorosos análisis sanguíneos, corrí a la cafetería y regresé con una bolsa de patatas chips. Cuando la abrí y sostuve unas cuantas en la mano, el crío se sentó, atrapó las patatas y empezó a comérselas. ¡Sus padres se quedaron de piedra ante tan repentina resurrección! Les expliqué que la criatura había sudado muchísimo en aquel calor, y perdido sal y agua mientras viajaban. El agua destilada que bebió solo había reemplazado el agua, no la sal. Había "escuchado" a sus células pidiendo cloruro sódico (sal), y en cuanto lo vio, respondió.

El cuerpo tiene su propia sabiduría y puede decirnos mucho acerca de lo que necesita si somos capaces de escuchar. Por desgracia, al hacernos mayores hacemos oídos sordos a lo que nuestros cuerpos nos dicen que necesitan. Por ejemplo, las personas que trabajan y sudan en un clima cálido suelen sufrir de agotamiento debido a la pérdida de sodio y cloruro. Los médicos han de recetarles tabletas de sal. Otras han de tener cuidado y no comer demasiada sal.

Un síntoma común de una diabetes no diagnosticada es una sed incesante y micción frecuente. Es un buen ejemplo de cómo el cuerpo puede comunicar sus necesidades urgentes a la vez que intenta mantenernos sanos. En la diabetes, el páncreas es incapaz de producir la insulina suficiente para metabolizar el azúcar en la sangre. El nivel de azúcar en el cuerpo se concentra demasiado, lo cual no es bueno para las células. Así que envían un mensaje pidiendo más agua, intentando diluir el azúcar, y por eso bebemos más. Los riñones se ponen a trabajar expulsando el agua sobrante y el azúcar, produciendo más orina.

¿Cómo podemos aprender a escuchar la llamada de las células pidiendo ciertos nutrientes? El cuerpo puede indicar que tiene hambre a través de síntomas como dolor de cabeza, vértigos, irritabilidad, sensación de mareo o una súbita pérdida de energía y agotamiento. Alguien diabético debe aprender a diferenciar entre que el cuerpo indique «demasiado azúcar, dame más insulina», frente a lo contrario: «El azúcar en sangre es demasiado bajo, dame azúcar rápidamente». No ser sensible a esas señales, o confundirlas, puede resultar peligroso.

Podríamos pensar que cuando alguien ayuna, las señales procedentes de sus células hambrientas deben resultar abrumadoras. Lo curioso es que las señales de hambre, como debilidad excesiva o mareo, solo duran unos pocos días durante los ayunos. Después, ¡la gente suele decir que se siente con mucha energía! Tal vez el cuerpo esté agradecido: «Gracias por dejar de darme comida basura. Necesitaba un descanso».

Durante mi quincuagésimo cumpleaños tuve una dramática experiencia con el hambre celular. Me sometí a una histerectomía tras años de infructuosos tratamientos contra la pérdida de sangre que me ocasionaba graves anemias. Me sometí a la cirugía estando bastante anémica y durante la operación perdí todavía más sangre. Salí de la anestesia con un único deseo: ¡comer costillas a la plancha! Eso les pareció sumamente divertido a mis amigos, pues llevaba años siendo vegetariana. Pero mi cuerpo me decía, alto y claro: «¡Necesito hierro para crear nuevas células sanguíneas! Olvídate de las endebles espinacas. ¡Necesito carne roja!». El hambre celular urgente puede pasar por encima de hábitos y preferencias personales.

La pica es un trastorno médico que tiene que ver con el hambre celular. A las personas con pita les apetecen sustancias no comestibles como tierra, cuerdas, pintura o madera. Entre las mujeres embarazadas, a veces se da una forma de pica que implica antojo de arcilla. En los estados sureños de los Estados Unidos, hay bancos de arcilla donde mujeres embarazadas pobres a veces extraen arcilla para comer. Los análisis sobre la arcilla preferida indican un contenido muy elevado de hierro. Las embarazadas, que crean los cuerpos y la sangre de sus fetos en formación, tienen una gran necesidad de hierro. Si reciben vitaminas prenatales con suplementos de hierro, la pica desaparece.

Se sabe que hay mujeres del sur, que se han trasladado a ciudades del norte y perdido el acceso a esta arcilla, que la han sustituido por el almidón de la ropa, que tiene la consistencia de la arcilla, pero que por desgracia no contiene hierro y, por ello, no alivia la anemia asociada con el embarazo. Las mujeres pobres no suelen poder afrontar el dispendio de vitaminas prenatales o alimentos ricos en hierro, como huevos o carne. Si se llenan de almidón, es menos probable que coman bien y consigan el hierro adecuado.

Así pues, lo que empieza siendo hambre celular de un determinado nutriente, hierro, se convierte en hambre mental de comer arcilla y cosas parecidas. Comer almidón, que se hincha en contacto con el agua, puede satisfacer el hambre estomacal al detener los retortijones de hambre, pero no satisface las necesidades de las células anémicas.

Aspectos estacionales del hambre celular

En otoño puedes llegar a ser consciente de un aspecto estacional del hambre celular. Con el descenso de la temperatura, el cuerpo empieza a pedir más comida. Hasta hace poco tiempo, cuando los seres humanos empezaban a vivir en casas con buena calefacción, era esencial para su supervivencia saber escuchar y responder a esta demanda. Era necesario añadir una capa de grasa aislante a fin de mantener calientes los órganos internos. Necesitábamos más calorías para la tarea de mantener en marcha la caldera interna. Los escalofríos queman calorías. En el norte podían quedarse atrapados en una fría gruta hasta que la nieve se derretía en la entrada, con suministros cada vez más escasos de comida y leña. Comer más en otoño, mientras todavía abundaban los alimentos, era un hábito muy inteligente. Ahora que vivimos en casas calientes y pagamos a chicos para que nos limpien la entrada, y así poder meternos en coches con calefacción para dirigirnos al supermercado cuando tenemos un antojo de helado doble de dulce de azúcar, tal vez no resulte tan inteligente cargarse de calorías de cara al invierno.

¿Cómo podemos superar esas viejas "pautas de supervivencia"? En primer lugar, mindfulness nos ayuda a tomar consciencia de ellas. Podemos escuchar una vocecita interior que grita: «Aliméntame, ¡estoy helado!». Podemos incluso ser conscientes de la tensión respecto al antiguo miedo a morir de hambre, o de frío. Podemos detenernos para reconocer todo eso y ser conscientes de lo que bastará para calmar esa voz.

Si fuésemos el chico que se ha pasado dos horas quitando la nieve a paladas de la entrada de casa, a una temperatura bajo cero, sería apropiado alimentar esa voz interna con dos bocadillos, algunas galletas y un gran tazón de Cola Cao, todo ello rematado con una tarta de crema. Pero si resulta que somos el propietario de la casa, estamos en la mediana edad, y nos hemos pasado un rato observando al chaval de la pala a través de nuestras ventanas con doble vidrio, podríamos ofrecer a la voz el consuelo de una tranquila taza de té. También podríamos calmarla con una ducha caliente o un tazón de sopa consumida al calor de la chimenea. Hay muchas maneras de ser amables con nosotros mismos.

Gracias a mindfulness podemos tornarnos más sensibles al hambre celular y aprender a separar lo que realmente necesita el cuerpo de lo que exige nuestra mente. Si nos detenemos y escuchamos con cuidado y la suficiente frecuencia, acabaremos haciendo lo que algunos animales hacen: probar algo de comida y "saber" qué es lo que necesitamos. Nos comeremos un plátano cuando las células nos pidan potasio; zanahorias si lo que se necesita es betacaroteno; huevos o carne si es proteína o hierro lo que se requiere; naranjas o pomelo cuando las células pidan vitamina C; chocolate si necesitamos magnesio; y semillas de lino, portulaca o pescado cuando el cuerpo solicite aceites omega-3. También conoceríamos la diferencia entre hambre y sed.

Podemos entrenarnos para escuchar lo que dice el cuerpo de manera muy sencilla. Hay que tomarse una pausa antes de comer y dirigir la atención hacia el interior y preguntarle al cuerpo qué necesita para hacer su trabajo.

EJERCICIOS

Ser consciente del hambre celular

1. Siéntate tranquilo, cierra los ojos y sé consciente de todo el cuerpo. ¿Puedes discernir si las células del cuerpo están hambrientas o satisfechas?
2. Si están hambrientas, ¿de qué lo están? ¿Líquido o sólido? ¿Hortalizas? ¿Tubérculos o de hoja? ¿Frutas? ¿Cítricos o no cítricos? ¿Sal? ¿Almidón? ¿Proteínas? Al principio no resulta fácil discernir. Tal vez sea más fácil ser consciente de las señales de las células corporales si intentas este ejercicio antes de comer. Siéntate durante unos minutos con los ojos cerrados e intenta leer qué es lo que el cuerpo quiere realmente.

A mitad de la comida, detente unos momentos, cierra los ojos e intenta sentir si el cuerpo está hambriento ahora. Y de estarlo, ¿de qué? Al final de la comida, cierra los ojos e indaga de nuevo.

A veces interpretamos como hambre lo que en realidad es sed celular. Antes de ponerte a picotear, intenta beber algo, un zumo o una bebida caliente. Bebe poco a poco, siendo consciente de la temperatura y el sabor. A continuación dirige la atención hacia el interior e investiga si el hambre ha cambiado. ¿Ha aumentado, disminuido o cambiado sus demandas en cuanto a determinados alimentos?

Satisfacer el hambre celular

Los elementos esenciales satisfacen el hambre celular. Entre ellos: agua, sal, proteína, grasas, hidratos de carbono, minerales, vitaminas, y oligoelementos como el hierro y el zinc. Nosotros, seres humanos agitados, ruidosos y distraídos, no tenemos facilidad para sintonizar con las sensaciones corporales que indican la petición de un nutriente específico. A veces la demanda es muy clara: ¡cítricos!, ¡agua!, ¡sopa de tomate! Esas peticiones suelen llegarnos cuando estamos enfermos y el cuerpo insiste en que tengamos cuidado con lo que le metemos.

EJERCICIOS

Preguntar al cuerpo qué necesita

La próxima vez que estés enfermo, pregúntale al cuerpo qué necesita. Puedes repasar los contenidos de la nevera o la despensa con la imaginación, teniendo siempre en mente la pregunta: «Cuerpo, por favor, dime qué necesitas». En la pista 3 de la grabación de audio hallarás una variación de este ejercicio, que puedes practicar tanto si te encuentras bien de salud como si estás enfermo.

Inténtalo en la tienda de comestibles. Sin embargo, es importante no ir por allí cuando tengas mucha hambre. Recorre los pasillos, observando todos los tipos de alimentos y pidiéndole al cuerpo: «Dime qué necesitas». Mantén la pregunta en tu mente y observa la respuesta que obtienes.

Hambre mental

El hambre mental se basa en pensamientos.

«Debería comer más proteínas.»
«Me merezco un cucurucho de helado.»
«Debería beber 12 vasos de agua al día.»
«Me conviene comer huevos. Tienen muchas proteínas y vitamina A.»

«Los huevos no te convienen. Tienen demasiado colesterol.»

El hambre mental está condicionada por lo que comemos por los ojos y de oído, las palabras que leemos y escuchamos. Miles de libros de cocina nos alimentan el hambre mental. Miles de libros de dietas nos alimentan el hambre mental.

Durante mi carrera médica he visto aparecer y desaparecer montones de modas dietéticas. Lo que era recomendable comer un año se convertía en una abominación la década siguiente. La dieta sin cítricos («malos para las articulaciones») fue seguida de la dieta del pomelo. A la dieta de pasta le siguió la carente de hidratos de carbono. La dieta de come tantas verduras como quieras se transformó en dieta de solo proteína de alta calidad.

El hambre mental suele basarse en absolutos y opuestos: comida buena contra comida mala, lo que hay que comer contra lo que no. Cuando estaba en la facultad nos enseñaron que la grasa animal era mala. Nos informaron de los descubrimientos del extenso estudio Framingham, que relacionaba el consumo de grasa animal con las enfermedades cardíacas. Todos renunciamos a la mantequilla, la leche entera, la nata, la leche con nata, el queso cremoso, la ternera y el cerdo. Sustituimos el sorbete por helado. Racionamos los huevos: dos por persona y semana. Se tornó alarmante e incluso repulsivo ver cómo bocas ignorantes consumían esos peligrosos alimentos.

El aceite de maíz era lo más. La margarina de maíz recibió el apoyo de grupos médicos. Pero, al cabo de unos años, un estudio demostró que una dieta rica en aceite estaba relacionada con tasas inferiores de ataques al corazón y derrames cerebrales pero más elevadas de cánceres. Las grasas no saturadas tenían menor capacidad de protección contra el daño celular por parte de los radicales libres. Afortunadamente, permitimos el regreso del pan con mantequilla. La solución intermedia presentada por uno de mis profesores fue crear una mezcla de aceite y mantequilla a partes iguales.

El aceite de coco era bueno, pero luego pasó a ser malo. No hace mucho, los científicos se han dado cuenta de que las personas y los animales que consumen mucho coco cuentan con corazones muy sanos y han llegado a la conclusión de que, después de todo, puede que esté bien. La grasa fue el enemigo durante mucho tiempo, pero con la dieta Atkins se transformó en nuestra mejor amiga. Ahora, la dieta Atkins parece estar pasando de moda.

Los huevos fueron unos villanos durante muchos años. Resultaba difícil hornear lo que fuese siguiendo el plan de dos huevos por persona a la semana, y por ello aparecieron recetas que solo utilizaban clara de huevo. Luego vio la luz un artículo en una publicación médica que describía a un hombre mentalmente enfermo que se había comido 36 huevos duros al día durante varios años y que mostraba un nivel de colesterol normal. Estudios posteriores sugirieron que comer huevos no aumenta el riesgo de ataques de corazón. Por fortuna pudimos volver a hacer preciosas tortillas amarillas, con huevos de verdad. Los huevos volvieron a ser amigos.

Mi abuela tuvo diverticulitis, una dolorosa enfermedad del colon que se cree ocurre cuando los músculos del colon se debilitan a consecuencia de intentar digerir demasiada fibra en la dieta. Le dijeron que solo debía consumir alimentos blandos: compota de manzana, puré de patatas, flanes, cremas de sopa, y demás. Más tarde, ciertos estudios invirtieron esa prescripción, afirmando que la diverticulitis es resultado ¡de no ingerir suficiente fibra en la dieta!

En mis primeros años de práctica médica me vi muy influida por todas las últimas "verdades" anunciadas por médicos e investigadores. Luego, con el paso de las décadas, me he vuelto más escéptica, sobre todo tras ver cómo los expertos se contradicen continuamente. He acabado por no tomarme en serio ninguna afirmación absoluta acerca de la comida, tanto si aparecen publicadas en una revista médica como si son producto de mi propia mente. El principio budista del camino intermedio emerge como una manera muy cuerda de abrirse paso en este laberinto. Nos aconseja no dejarnos atrapar en ningún extremo. En el contexto del comer, hallar el camino medio implica no aferrarse a ningún tipo de comida ni despreciar otros. No hay que pasarse con nada, ni en un sentido positivo ni negativo. La comida es comida. El resto son juegos mentales.

El periodista Michael Pollan escribe:

«Hemos aprendido a elegir nuestros alimentos por los números (calorías, hidratos de carbono, grasas, cantidad diaria recomendada, y otras), confiando más en nuestra lectura y capacidades informáticas que en los sentidos. Hemos perdido toda la confianza en nuestro sentido del gusto y el olfato, que no pueden detectar los macro- y micro-nutrientes invisibles sobre los que la ciencia se ha encargado de preocuparnos, y a los que la industria alimentaria se ha aficionado, para engañar. El supermercado estadounidense –refrigerado y repleto de paquetes herméticamente cerrados y atestados de información– ha cerrado el paso eficazmente a la Nariz, elevando el papel de la Vista.

No es de extrañar que nos hayamos convertido, en medio de nuestra asombrosa abundancia, en los comedores más ansiosos del mundo».[6]

Yo apuntaría que, en realidad, hemos cerrado la nariz y elevado la mente. Es la mente la que nos torna ansiosos, no la nariz ni la vista. La mente considera que el cuerpo debería cooperar y comer a la perfección si puede mantenernos informados acerca de la verdad, de datos nutricionales científicos. Cuando esos "datos" demuestran ser temporales y variables, cambiando en función de estudios recientemente llevados a cabo, o como consecuencia de la aparición de un nuevo gurú médico, crean un estado de ansiedad crónica. Igual que los católicos que se angustian porque tal vez estén pecando sin ni siquiera ser conscientes de ello, la mente también se angustia porque podríamos estar ingiriendo algo peligroso sin ni siquiera saberlo... hasta que aparece un nuevo estudio científico. Cuando nos alimentamos basándonos en los pensamientos de la mente, nuestro comer suele estar basado en la preocupación. Cuando la mente se agobia acerca de lo que «deberíamos y no deberíamos comer», se evapora el disfrute de lo que sea que tengamos en la boca.

Existen algunos divertidos estudios que demuestran el poder que tiene la mente sobre nuestros hábitos alimentarios. A las personas se las puede convencer para que les guste o les disguste ciertas comidas, basándose en información falsa. Los científicos han podido convencer a mucha gente para que creyesen que en su infancia tuvieron una experiencia negativa con ciertos alimentos. Tras decirles que un "análisis informatizado" indica que se pusieron enfermos tras comer helado de fresa, algunos participantes indicaron más tarde su creencia de que ese episodio había sucedido realmente. También afirmaron que se planteaban evitar ese sabor perjudicial en el futuro. Por otra parte, es igualmente posible implantar recuerdos positivos de alimentos. En otro estudio, se les hizo creer que la primera vez que comieron espárragos les encantaron. El 40% de los participantes que aceptaron esta idea también afirmaron que proyectaban comer más espárragos en el futuro.[7]

Es importante escuchar las voces que integran el hambre mental, pero no habría que creerse sus opiniones al pie de la letra: «Deberías empezar el día con un desayuno copioso». «Deberías comer seis veces al día.» «No deberías comer después del mediodía.» «El azúcar es veneno.»

La idea de que deberíamos comer científicamente y que la comida es medicina es exclusiva de los Estados Unidos. Nos lleva a esperar con ansiedad cualquier pronunciamiento resultado de los últimos estudios científicos y a seguir la última dieta de moda, sobre todo si está promocionada por un actor de televisión y ha sido adoptada por una o dos estrellas del cine. La industria de la alimentación y las bebidas, siempre atentas a esas novedades, desarrollan nuevos productos que alimentan nuestra ansiedad merced a su publicidad.

Por ejemplo, en la última década hemos padecido una epidemia de sed mentalmente inducida. Las mentes de la mayoría de norteamericanos modernos les obligan a llevar con ellos una botella de agua en todo momento y a beber de ella con frecuencia, como si se tratase de un biberón, hagan lo que hagan: en una reunión de negocios, en un concierto o en un partido, en la piscina... Este fetiche hizo su aparición con un informe médico que aseguraba que los seres humanos deberían beber entre 8-12 vasos de agua al día. El té y el café no contaban, pues eran diuréticos y vaciaban el cuerpo de agua. Las células gritaban necesitadas de agua. Temiendo la muerte por deshidratación, los norteamericanos empezaron a llevar botellas de agua por ahí. Algo que no pasó desapercibido a los departamentos de desarrollo de nuevos productos, dando nacimiento a dos enormes y novedosas industrias: el agua embotellada, y las botellas de agua.*

* El National Resources Defense Council (Comité de Defensa de los Recursos Naturales) cuenta con un informe muy completo acerca del agua embotellada en www.nrdc.org/water. Muchas personas compran agua embotellada porque ha sido comercializada como más sana que el agua del grifo. Pero, en realidad, el agua que compramos en la tienda podría *ser* agua del grifo. El consumo de refrescos ha descendido en los últimos años porque los consumidores se dieron cuenta de que esas bebidas tal vez no fuesen saludables. Buscando nuevas ventas, las empresas de refrescos entraron en el negocio del agua embotellada, a veces comercializando agua del grifo urbana como "agua mineral". Además, el agua directa del grifo podría acabar siendo más sana que la de botella: hay investigaciones que indican que el policarbonato y otros

No hace mucho me fijé en la estantería de las botellas de agua. Había agua de Europa, Canadá, Colorado, Alaska, California, Washington y Oregón. Ahora, la gente intenta traer sus botellas de agua a la sala de meditación durante los retiros. Al parecer, son incapaces de soportar diversas sensaciones corporales que interpretan como "deshidratación" y no pueden sentarse quietas durante 60 minutos sin echar un trago. Todo el líquido que entra debe acabar saliendo; así que se levantan para ir al baño continuamente.

Hace unos cuantos años, un informe modificado anunciaba que se había malinterpretado el primer informe. Los seres humanos necesitaban un total aproximado de dos litros al día, pero no tenían que beberse esa cantidad mediante un vaso. En realidad, todo podía llegar de los alimentos. Y el café y el té también contaban. Los estudios demostraban que esas bebidas con cafeína y teína no vaciaban el cuerpo de líquido.

¿Por qué, en medio de esa epidemia de adultos acarreando y constantemente mamando de botellas de agua decoradas con distintos logotipos empresariales, no se ha preguntado nadie cómo ha sido posible que nuestras madres y padres, y nuestros abuelos, y toda la raza humana a lo largo de decenas de miles de años, se hayan salvado de la aniquilación masiva por deshidratación porque no se habían inventado todavía botellas de agua de plástico policarbonatado llenas de "agua mineral"? Nues-

---

contenedores de plástico filtran productos químicos hormonados en nuestros alimentos, cuyo consumo podría perturbar la salud reproductiva y el desarrollo sexual, pudiendo incluso contribuir al desarrollo del cáncer.[8]

tras mentes modernas creen en lo que nos cuenta la "ciencia" putativa y otras historias de viejas en las revistas, erosionando la sabiduría de nuestros cuerpos.

Cuando el hambre mental y el corporal no se ponen de acuerdo

En una ocasión presencié una conmovedora batalla entre el hambre mental y el corporal. Mi hija adoptada acababa de llegar de Vietnam. Se la veía tan delgada que hacía daño mirarla, pero comía de todo con voracidad, aipándose hasta que se le hinchaba el estómago. Además, se guardaba todas las sobras. Se negaba a abandonar la mesa mientras hubiese comida en las bandejas o en el plato de cualquiera. Un día servimos algo que probó y no le gustó. Lo intentó una y otra vez, frustrándose cada vez más. Su mente le decía que comiese, aunque le resultase repulsivo, porque tal vez no hubiese más comida en mucho tiempo. El recuerdo de la pasada escasez intentaba dominar su boca y cuerpo, que tenían claro lo que no querían comer.

Es algo que hacemos continuamente. Estamos muy llenos, pero la mente dice: «Un poco más no nos hará daño». O, como dijo un participante de un taller: «Estoy realmente ahíto, pero... Puedo comerme *eso*». Brian Wansink describe un estudio en el que a pacientes amnésicos se les dijo que era la hora de comer, y fueron a comer una comida entera aunque sus tractos digestivos seguían activos procesando la comida que habían consumido y olvidado solo 30 minutos antes. En otro estudio metieron a gente en una habitación con toda la comida que pudieran consumir y un reloj que adelantaba dos horas. Los sujetos con sobrepeso tendían a comer con más frecuencia basándose en lo que sus mentes les decían sobre "la hora de comer", como veían en el reloj. Los sujetos de peso normal tendían a comer con menor frecuencia, confiando en sus indicios internos de hambre.[9]

En nuestro almuerzo en silencio, el primer día de un retiro de comer atentos, anuncié, cuando se pasaba el segundo plato: «Aquí, en el monasterio, el almuerzo es la comida fuerte del día. La cena será ligera». Esa tarde, muchos participantes dijeron que se habían quedado bastante satisfechos tras su primera porción durante el almuerzo. Sin embargo, en cuanto oyeron mi anuncio sus mentes pasaron a la modalidad escasez, y se descubrieron repitiendo. ¡Eran segundas porciones que sus ojos, boca, estómago y cuerpo no deseaban! Dijeron que podían escuchar a sus mentes diciendo: «Mejor que almacenes. La cena será ligera. Tal vez tengas hambre después». Se trata de un claro ejemplo de hambre mental imponiéndose a todo el resto de señales de saciedad y satisfacción.

Eso es exactamente lo que encontraremos en el fondo de nuestra perturbada relación actual con la comida. Nuestras mentes no siempre nos dicen la verdad. A fin de restablecer una relación armoniosa con la comida, a fin de disfrutar de esta, debemos aprender a escuchar la profunda sabiduría del cuerpo.

EJERCICIOS

Ser consciente del hambre mental

Hay que ser consciente a lo largo del día de lo que la mente nos cuenta sobre la comida y la bebida. Y saber escuchar los comentarios de la mente sobre lo que "deberíamos o no deberíamos" comer o beber. Hay que fijarse en la presencia de voces contrapuestas que digan cosas distintas sobre la misma comida. Por ejemplo, la mente podría estar diciendo: «Qué sed tengo. Me gustaría una Coca-Cola». Otra vez dice: «La Coca-Cola no te sentará bien. ¿No recuerdas que es corrosiva y que se puede disolver un diente en Coca-Cola? Mejor tómate un zumo». Y aun otra dice: «Necesitas cafeína. Te estás quedando dormido al volante. Venga con la Coca-Cola». Y una más: «Eres adicto a la cafeína. Deberías poder seguir despierto sin ella. Empieza ahora mismo tu ayuno de cafeína».

Antes de comer, detente unos instantes y observa la comida. Escucha internamente a fin de enterarte de qué te está diciendo la mente sobre esta comida y bebida.

¿Qué dice la mente sobre el hambre? ¿Es "bueno" o "malo" tener hambre? Comprueba la mirada, el estómago, el cuerpo y la mente para comprobar dónde pudiera estar el hambre.

¿Qué dice la mente sobre la satisfacción? Compruébalo antes, durante y tras la comida. Traslada la consciencia de la mente a la boca, el estómago y el cuerpo. ¿Qué partes están satisfechas? ¿Qué partes no lo están?

Al leer artículos sobre estudios científicos que traten de comida, sé consciente de cualquier "debería" o "no debería" que pudiera estarse formando en la mente. Recuerda que la información científica cambia con frecuencia. Si estás utilizando este libro en una clase, puedes llevar algunos artículos que ilustren el enfoque "científico" o "médico" estadounidense de la comida. Resulta muy interesante señalar las contradicciones y cambios que surgen, como con la recomendación de no ingerir aceite de coco y, luego, la aparición de las noticias que afirman que tal vez el aceite de coco sea bueno para el consumo

---

Satisfacer el hambre mental

No estoy segura de que realmente podamos satisfacer el hambre mental, porque la mente siempre se está desafiando a sí misma. Un día adopta una dieta estricta y, al siguiente, nos convence de que necesitamos otro postre. La mente también contiene al crítico interior, una voz que criticará todo lo que comamos y bebamos (más sobre esta voz en el capítulo 4).

Investiga por tu cuenta lo siguiente: ¿qué satisface el hambre mental?

A menudo, la mente se alimenta de información, noticias y chismorreos. A la mente le gustan las novedades, digerir información nueva. Digamos que estás comiendo en un restaurante de comida rápida. Sobre la mesa hay unas indicaciones con información nutricional de lo que estás comiendo. Mientras te comes una hamburguesa con queso, tu mente está inmersa en su contenido nutricional. La mente quizás se quede tranquila sabiendo que este restaurante ha pasado a cocinar sin grasas trans. Se trata de una información interesante. ¿Pero le satisface? No. ¿Y por qué no? Porque este tipo de información, acerca de lo que es "bueno" o "malo" para comer, siempre está cambiando. Durante 40 años, la margarina cargada de grasas trans era buena, y la grasa vegetal para cocina y el tocino eran habituales en nuestra dieta. La mente sabe que el conocimiento siempre cambia, así que nunca se queda tranquila.

La mente se queda realmente satisfecha cuando se calma. Cuando las numerosas voces contradictorias que hablan sobre la comida se aplacan, cuando la función de la consciencia domina sobre la pensante. Entonces es cuando podemos estar totalmente presentes mientras comemos; cuando estamos llenos de consciencia nos llenamos de satisfacción.

Hambre del corazón

Fui consciente del hambre del corazón a través de los comentarios de algunos participantes en nuestros talleres de comer atentos. Hablaban con nostalgia de lo que habían comido en festividades familiares, de platos preparados por sus madres cuando estaban enfermos, de comidas con personas a las que querían. Estaba claro que algunos alimentos no tenían tanta importancia como el humor o la emoción que evocaban. El hambre de esos alimentos surgía del deseo de ser amados y cuidados. El recuerdo de esas ocasiones especiales infundía a esos alimentos calidez y felicidad.

Una mujer dijo que la manera consciente de comer en el monasterio le había evocado repentinos recuerdos de comidas con sus abuelos. Ella y sus hermanos pasaban los veranos de la infancia en la granja de sus abuelos. Allí, las comidas eran asuntos que se tomaban su tiempo, bendiciendo la mesa antes de comer, y con intervalos de silencio para apreciar los alimentos, que eran de cosecha propia, caseros y cocinados en casa. Recordaba:

> «La abuela tenía "pillado" hacer pan. Comparábamos migas y sabores igual que la gente saborea los buenos vinos. Me dijo que hacer pan era como ocuparse de un bebé: "No queremos ponerlo en medio de una corriente". El abuelo sufría parálisis de Bell y masticaba lenta y cuidadosamente. Acababa 20 minutos después que los demás. Nosotros seguíamos sentados a la mesa hasta que él acababa, aunque no en silencio. Él podía empezar a comparar las diversas virtudes de las variedades de maíz y tomates que había sobre la mesa, ¡animando a los niños a probarlas! La abuela hablaba de que había envasado melocotones, ciruelas, encurtidos, mermeladas. Cuando les visitaba me marchaba sintiéndome muy "completa". Para mí tenían una manera de estar presentes, aunque no puedo decir que tuviéramos conversaciones muy elevadas».

No, nada elevadas, pero puro alimento para el corazón. Eran alimentos cultivados con amor, compartidos y consumidos con amor. Sus abuelos le enseñaron el comer atentos, aunque ella olvidó esas lecciones hasta que apareció en el retiro y rebajó su ritmo, comiendo de nuevo con consciencia y gratitud. Tras el retiro, me escribió: «A veces he sentido privación respecto de la comida. Ahora me doy cuenta de que se trata únicamente de mi percepción. En realidad estaba nadando en medio de la abundancia y la riqueza. Carecía de la consciencia para apreciar la comida que tenía a mano».

Muchas personas son conscientes de que comen en un intento de llenar un agujero, no en el estómago, sino en el corazón. Comemos cuando nos sentimos solos. Comemos cuando acaba una relación. Comemos cuando alguien muere, y llevamos comida a casa de quienes están de luto. Son maneras de intentar cuidar de nosotros mismos y de los demás, pero debemos comprender que la comida que metemos en el estómago nunca llenará ese vacío, ni calmará ese dolor en el corazón.

Curt llegó a las clases sobre comer atentos con un historial de estar a dieta desde su adolescencia. Era un veterano de cientos de dietas y de muchos años en Glotones Anónimos. Sentía cierto reparo acerca de la utilidad de los talleres de comer atentos hasta que hicimos un ejercicio en la penúltima clase. Fuimos pasando un plato de manzanas finamente cortadas dispuestas en un lecho de hojas de helecho con azaleas rosas. Todo el mundo se fijó con la vista en el color, la forma y la textura de las manzanas, inspiró la fragancia y, luego, comió una rodaja lentamente. Cuando le tocó explicar su experiencia, yo estaba preparada para escuchar de su boca un ácido comentario acerca de que para él una manzana entera era un bocado y un pastel de manzana entero, una ración.

Pero en lugar de ello, se le suavizó el rostro y se le llenaron los ojos de lágrimas. Parecía un niño pequeño.

Dijo maravillado:

–Me he visto transportado de nuevo a casa de mi abuela. Construyó su casa en un antiguo manzanar. Los árboles todavía daban manzanas, muy grandes, y siempre que la íbamos a ver comíamos unas cuantas. Cuando probé esa rodajita de manzana, me vi otra vez allí, ¡de vuelta en su cocina! La olía y veía, incluso recordaba el dibujo del linóleo.

–Acabas de saciar el hambre del corazón –le dije.

Más tarde, Curt me contó que sus comidas caseras favoritas eran judías horneadas, crema de guisantes y «cualquier cosa improvisada a partir del libro de cocina de Fannie Farmer». ¿Por qué?

> «Porque quería decir que mamá no estaba bebiendo. Cuando estaba sobria sacaba ese libro y cocinaba para nosotros durante horas. Era el único momento en que estaba realmente presente y que nos demostraba su amor. Ver ese libro de cocina me hace sentir bien. He buscado esa edición en las librerías, pero nunca la he encontrado».

No es de extrañar que muchos de nuestros platos favoritos de comida casera, los que nos reconfortan, sean los que solían prepararnos nuestra madre o abuela cuando estábamos enfermos, o que comíamos en familia los festivos. Para cada persona, la comida que está sazonada con amor es distinta. Puede tratarse de sopa de pollo, flan, puré de patatas o torrijas.

A los seis años pasé por una prolongada y misteriosa enfermedad, que me provocaba fiebre e inflamación de las glándulas, lo suficientemente parecida a la leucemia como para asustar a todo el mundo, incluyendo a nuestro médico de cabecera. Tuvieron que llevarme varias veces a la ciudad para hacerme análisis de sangre. Lloraba siempre, pero permanecía sentada frente a lo que me parecía una jeringuilla enorme. La recompensa era un cucurucho de helado. Por entonces, el helado era algo especial. No es que fuésemos pobres, pero tampoco ricos. El caso es que para tomarte un helado había que conducir 10 millas hasta la heladería, donde solo tenían cuatro sabores: vainilla, chocolate, fresa, y el sabor de la semana.

Mis padres ya murieron y ahora puedo comprar si quiero 60 sabores de helado en cualquier supermercado, pero rara vez lo tengo en casa. Perdería su poder. Es mi propia recompensa, mi manera de ocuparme de mí misma. Si paso por un mal trago, como un día o semana especialmente duros en el trabajo, cuando salgo de ello, me recompenso con helado. Me llevo a una heladería, me tomo mi tiempo eligiendo el sabor y me chupo los dedos. Es un ritual que alimenta el hambre de mi corazón. Honro el cariño de mis padres y mi sincero deseo de que todos los niños puedan ser así de queridos.

Alimentamos nuestro corazón cuando ponemos atención al prepararnos la comida, cuando nos tratamos como si fuésemos un invitado. Arreglar con cariño un plato cuesta muy poco y nos sentará mucho mejor que si comemos en un envase de cartón de los de llevar. Lo mismo digo de comer en una mesa con un bonito mantel y una vela, en lugar de comer de pie en el mármol de la cocina.

Hace algunos años, cené en un restaurante con un amigo que se mostró crítico con la comida que nos sirvieron. Me dijo que siempre andaba buscando la comida perfecta. Se acordaba de unas pocas comidas excepcionales en toda su vida. Cuando me las describió me quedó claro que no se trataba del recuerdo de unos entremeses, postres o vinos. Lo que anhelaba volver a experimentar eran esas comidas que le alimentaron el corazón, la siempre corta experiencia de interconexión con sus compañeros de mesa.

Durante los talleres de comer con atención, y mientras realizamos diversos ejercicios, los participantes suelen tener recuerdos que se manifiestan repentinamente en la superficie de la consciencia. En una ocasión, mientras compartíamos nuestras listas de comidas favoritas, una mujer dijo en voz alta:

–Yogur de frambuesa –empezó a decir–. No sé por qué es el único sabor que me gusta.

Y de repente, exclamó:

–¡Ah, sí, recuerdo que a mi abuela le encantaba la mermelada de frambuesa! Era diabética y se suponía que no podía comerla, pero tenía un bote guardado que solía compartir conmigo de niña. Era nuestro secreto.

Cuando hablas con gente sobre comida casera, de comida reconfortante, siempre descubres una historia cálida, con sensación de conexión, amor y compañerismo. Ni siquiera los alimentos más ricos bastarían para saciar el hambre del corazón. El corazón se nutre a través de la intimidad con los demás.

Hay historias extraordinarias sobre gente en campos de concentración que, a pesar de la tortura, la muerte y la inanición a la que la sometían sus carceleros, se las apañaban para alimentar el hambre del corazón. Por ejemplo, algunas mujeres presas en campos de concentración alemanes compartían sus recetas familiares favoritas, creando libros de cocina orales. Al enseñar y memorizar las recetas de otras mujeres, crearon amistad, esperanza y optimismo acerca de que alguna parte de sus vidas pudiera sobrevivir al campo y alimentar a otros.[10]

Durante la II Guerra Mundial, un grupo de mujeres, prisioneras en un campo de concentración japonés en Sumatra (Indonesia), escribió partituras musicales de memoria y formaron un coro. Demasiado débiles para actuar de pie, lo hacían sentadas. La mitad de las integrantes del coro murió al cabo de un año. Pero se olvidaron de la terrible inanición de sus delgadísimos cuerpos al llenar sus corazones de la música que crearon juntas. «Cada vez que teníamos un concierto, nos parecía un milagro que, entre todas aquellas cucarachas, ratas y chinches, la disentería y el olor de las letrinas, pudiera existir aquella belleza, que las voces de las mujeres pudieran crear todo aquello en aquel horrible campo.»[11]

Pero no siempre podemos depender de los demás para colmar nuestro deseo de intimidad, porque la gente siempre cambia. Se trasladan, se enamoran de nosotros y de otros, son víctimas del alzhéimer y creen que somos desconocidos. Y en último término, mueren.

Una mujer que asistía a un taller se hundió cuando explicaba que se hallaba en una desconcertante transición. Era una cocinera excelente y durante muchos años se había enorgullecido de poder alimentar a su esposo y tres hijos con comidas caseras. Ahora sus hijos ya eran adultos. La última vez que vinieron a casa le dijeron:

–Mamá, siempre has estado tan ocupada alimentándonos que nunca pudiste sentarte a la mesa con nosotros. Ven y siéntate.

La mujer no podía entender cómo era posible que ya no les interesase su comida. Así que le dije:

–De niños les llenaste el estómago y, al mismo tiempo, sus corazones porque cocinaste con amor. Ahora ya son hombres que pueden comprar lo que les apetezca para alimentar el hambre de sus estómagos. Ahora saben que la vida pasa rápidamente y que el tiempo que estáis juntos es muy valioso. Te piden que te sientes y estés presente con ellos, que hables, cuentes cosas y te rías con ellos. Están pidiéndote que pases tiempo con ellos, un tiempo que alimentará el hambre de sus corazones.

No podemos depender de la comida para llenar ese agujero vacío que sentimos en el corazón. En última instancia, lo que alimentará nuestro corazón es la intimidad con este preciso momento. Podemos experimentar esta intimidad con cualquier cosa que se nos presente: gente, plantas, piedras, arroz o uvas pasas. Eso es lo que nos aporta estar presentes: el dulce y penetrante sabor de la verdadera presencia. Cuando esa presencia nos llena, toda hambre desaparece. Todas las cosas, tal como son, implican una satisfacción perfecta.

EJERCICIOS

Ser consciente del hambre del corazón

¿Qué comes cuando te sientes triste o solo? Confecciona una lista. Si trabajas en un grupo de comer atentos, lee la lista en público.

Cuando, entre comidas, sientas el impulso de picar o beber algo, fíjate en qué sentías justo **antes** de que se manifestase ese impulso.

¿Cambia algo tras el tentempié o la bebida?

Cuando seas consciente del hambre del corazón, elige tu alimento reconfortante favorito. Adquiere una porción pequeña o una simple ración, como una trufa de chocolate especial o un cucurucho de helado con una sola bola. Siéntate y contempla la comida con amor. Consúmela muy lentamente. Mientras tragas cada bocado, imagínate enviándolo a tu corazón (antes de al estómago y el cuerpo), imbuido de cariñoso afecto y amor.

Comer para cambiar el corazón

En nuestro monasterio, cuando le pedimos a la gente que se fije en lo que están sintiendo justo antes de sentir la necesidad de picar, descubren que ha aparecido todo un surtido de emociones. Entre ellas: frustración, tristeza, irritación, aburrimiento, ansiedad, disgusto, cólera, confusión, inseguridad, e impaciencia. Fíjate en que todas esas emociones caen en la categoría de sensaciones negativas o repulsivas.

Este descubrimiento plantea algunas cuestiones interesantes. ¿Solemos comer a fin de cambiar nuestro estado de ánimo y sentimental? ¿Comemos para deshacernos de las sensaciones incómodas?

Muchas de las personas que participan en los talleres de comer con atención nos dicen que sienten un enorme agujero en el corazón. Podrían relacionarlo con la muerte de un ser querido. Podría experimentarse como tristeza, soledad, o la sensación de no pertenecer o encajar en ninguna parte. La Primera Noble Verdad del budismo reconoce que vivir como ser humano es experimentar sufrimiento. Para la mayoría de nosotros no se trata del sufrimiento de ser capturados en la guerra o torturados. Es algo más sutil. Como me dijo tristemente una adolescente: «Siempre tengo la sensación de que algo está mal, pero no acierto a saber el qué. Y no sé cómo arreglarlo». Se trata de una sensación subyacente, penetrante y desasosegada de insatisfacción. Existe una brecha entre ti y el resto del mundo. Comes, sí, pero en realidad no acabas de saborearlo o disfrutarlo.

La mayoría de las relaciones desequilibradas con los alimentos vienen causadas por el hecho de no ser conscientes del hambre del corazón. Ningún tipo de alimento podrá satisfacer nunca este tipo de hambre. Para colmarla debemos aprender cómo alimentar nuestros corazones. No hallaremos una satisfacción completa en la comida, por deliciosa que esta sea, si no alimentamos el corazón a diario. Por el contrario, cuando comemos atentos, surge una sensación de intimidad y conexión. Entonces, cualquier comida puede alimentar el corazón.

Satisfacer el hambre del corazón

El hambre del corazón se satisface con intimidad. Cada uno de nosotros está básicamente solo en el mundo. Nadie puede conocernos hasta el fondo de nuestro ser. Nadie puede conocer todos nuestros pensamientos. Nadie puede conocer por completo el más profundo anhelo de nuestros corazones. Nadie, ni siquiera esa persona a la que sentimos tan próxima, puede experimentar la vida como lo hacemos nosotros.

La comprensión de que estamos básicamente solos puede ser origen de tristeza o pesar. Y lo peor es que puede empujarnos a seguir caminos malsanos a fin de crear un falso sentido de intimidad, como consumir drogas, sexo o comer de manera desordenada. Muchas personas revolotean por bares y clubes, esperando en vano la aparición de su "alma gemela". Se conforman con una serie de breves y decepcionantes encuentros sexuales. Muchos son los que intentan solucionar su soledad manteniendo relaciones por Internet, que en realidad se basan en la fantasía.

Comer puede ser otra manera de aliviar la soledad. Mientras esté ocupada con una importantísima actividad como es comer, me distraigo de mi grave situación como individuo viviendo en soledad, separado para siempre de todos los "demás" del universo.

La mayoría de las personas se sienten cohibidas cuando comen solas. Suena raro eso de comer solo en un restaurante. Parece implicar que no se tiene amigos. Si comen solos en casa, entonces encienden la televisión, una manera de crear la ilusión de intimidad, la sensación de que su casa está llena de gente y actividad.

Por el contrario, quienes practican el comer atentos crean ocasiones y buscan sitios para comer a solas. Les descansa mucho poder hacer una cosa en cada momento, sencillamente comer, a resguardo de las distracciones de hablar, leer o mirar la televisión.

Cuando comemos y nos abismamos en la comida, estamos en compañía de muchos seres: las plantas, animales y personas cuya energía vital participó en el cultivo de los alimentos que ocupan nuestro plato. Según las enseñanzas Zen, cada vez que comemos ingerimos la energía vital de incontables seres. La comida en nuestro plato es producto del sol, la tierra, la lluvia, los insectos que polinizaron las plantas y de muchas personas, como labradores, camioneros y tenderos. Esta energía, producto de tantos seres, recorre nuestro cuerpo, impulsada por cada latido de nuestro corazón. Se desplaza hasta las células más lejanas, hasta las uñas de los dedos de los pies y las puntas de nuestros cabellos. Esos seres se convierten literalmente en nosotros, en nuestros ojos azules o castaños, en nuestros labios carnosos, nuestros dientes blancos y cariñoso corazón. Este milagro cotidiano de transubstanciación sucede en nuestros propios cuerpos, día y noche.

Por desgracia, mientras este milagro sucede no somos conscientes de él. Despertar a él, aunque solo sea algunos momentos cada día, puede darnos muchas alegrías, por muy difíciles que sean el resto de nuestras circunstancias vitales. Puede ofrecernos energías renovadas, sea cual fuere la edad que tengamos o lo cansados que estemos. Si comemos con la mente abierta y atenta, podemos experimentar nuestra conexión íntima con todos esos seres, disolviendo nuestra soledad.

EJERCICIO

Satisfacer el hambre del corazón

Cuando sientes hambre, pero una inspección de los siete tipos de hambre revela que la boca, el estómago y el cuerpo no la sienten, haz algo para alimentar deliberadamente el corazón. Estas son algunas ideas. Habla con una persona a la que quieras, juega con un niño o una mascota, trabaja en el jardín o el huerto, crea algo, escucha tu música favorita, haz un regalo. Si comes, hazlo lentamente, y abre la consciencia a la multitud de seres que hicieron posible que esos alimentos estén en tu mesa. Da las gracias.

Resumiendo

Ahora ya eres consciente de las siete hambres. Tres de ellas tienden a ser más problemáticas en nuestras vidas que el resto. Son el hambre bucal, el hambre del corazón y el hambre mental. Esas formas de hambre suelen hacer que comamos en exceso, pero solo cuando no somos conscientes de su existencia y de cómo satisfacerlas.

Ahora que has explorado los siete tipos de hambre puedes desarrollar una capacidad esencial de comer atentos: evaluar el nivel de cada tipo de hambre siempre que surja el deseo de comer. A fin de saber de qué tipo de hambre se trata, convierte en una práctica regular el hacerte la pregunta: «¿Quién es el que está hambriento?».

Para descubrirlo hemos de hacer una pausa antes de comer. Al principio, evaluar las siete hambres puede resultar difícil, pero una vez que aprendes a desarrollar esta capacidad, solo te llevará unos pocos segundos y podrás hacerlo incluso estando en compañía de otras personas sin que se den cuenta. Y aunque se den cuenta y te pregunten qué haces, puedes decir: «Estoy comprobando mi cuerpo para saber qué partes tienen hambre y qué me están pidiendo». Con algunas personas incluso podrías añadir: «Practico el comer atento». Eso puede convertirse en el inicio de una conversación interesante.

EJERCICIO

¿Quién es el que tiene hambre?

Este es el ejercicio más importante del libro. Es la esencia del comer atentos. Por favor, practícalo con cada comida, hasta que se convierta en una segunda piel. Este ejercicio también aparece en la pista 4 de la grabación de audio.

Cada una de las siete hambres está asociada con una parte diferente del cuerpo. Antes de comer o beber, mira en tu interior y pregunta a cada una de esas partes si tiene hambre. Si la respuesta es positiva, pregúntale a esa parte cuánta hambre tiene en una escala de 0 (ninguna) a 10 (desnutrida).

Para repasar: las partes del cuerpo a las que nos referimos son ojos, nariz, boca, estómago, células, mente y corazón.

Ejemplo: Ves unos dónuts en el trabajo. La vista puede decir: «Sobraron de la fiesta de ayer, pero tienen buena pinta. Tal vez debería comerme uno». **El hambre visual registra un tres en una escala de hambre.**

La nariz puede decir: «No puedo evitarlo. No puedo olerlos. Y si no los huelo, no me interesan». **Cero de hambre nasal.**

La boca dice: «Cualquier sensación es preferible a una boca vacía. Vamos a por ellos». **El hambre bucal es cinco.**

El estómago afirma: «Después de todo ese café que te tomaste en el coche me siento un poco débil y con náuseas. Ahora mismo no me interesa tomar nada». **Hambre estomacal cero.**

Las células dicen: «¿Grasa y azúcar? No es bueno para nuestras células». **El hambre celular también es cero.**

La mente dice: «Bueno, en realidad no debería comer un dónut porque intentamos comer de manera más sana. Esta mañana, en el desayuno, te has portado bien, solo has tomado un vaso de zumo de naranja y media taza de yogur. No has ingerido hidratos de carbono... Tal vez podrías probar medio dónut a la hora del café, eso si trabajas mucho durante toda la mañana». Y luego continúa: «Por otra parte, tal vez los dónuts hayan desaparecido para entonces, así que quizá sería mejor comerse uno ahora. Puedes cogerlo y cortarlo por la mitad. Haremos algunos ejercicios isométricos en el cubículo para compensar». **El hambre mental está en seis.**

El corazón dice: «Estoy horrorizado con ese nuevo proyecto. No puedo ponerme con ello. No tengo ni idea de cómo empezar. Mi madre siempre decía que se trabaja mejor tras haber desayunado bien. No creo que haya desayunado así hoy. El azúcar me calma y un dónut puede ayudarme a pensar mejor. Veo que Susan ha entrado en la cafetería. Hablar con ella siempre resulta muy agradable. Vamos a por el dónut y de paso hablaremos con ella un rato». **El corazón registra un ocho de hambre.**

En este ejemplo, el hambre de la mente y el corazón superan los mensajes del pobre estómago y las células, que no tienen ninguna hambre. Es algo muy común. Las personas no comen porque su cuerpo necesite alimento, sino porque se sienten angustiadas o tristes, o porque el reloj indica que son las 14:00, o porque «todos los demás están comiendo», o porque «sería una lástima tener que tirar eso tan bueno», o porque «tal vez luego ya no queden».

Una vez que aprendes a investigar quién tiene hambre en tu interior, y conviertes en rutina cotidiana el hecho de detenerte para realizar este ejercicio antes de comer, entonces puedes llegar a tomar una decisión más informada acerca de si comer o no hacerlo. La comida solo satisfacerá el hambre estomacal o celular. Sin embargo, son muchas las alternativas a la comida, a fin de satisfacer los otros cinco tipos de hambre.

Si queremos sentirnos satisfechos y comer la cantidad adecuada, debemos ingerir comida a través de todas las puertas sensoriales, siendo conscientes del color, fragancia, textura, sabor, temperatura y sonido de nuestros alimentos. Y si queremos sentirnos satisfechos en este momento y poder alimentarnos con todo lo que se manifiesta en la vida, también debemos hallar el modo de alimentar nuestro corazón.

3. Explorar nuestros hábitos y pautas con la comida

En el capítulo anterior exploramos una de las habilidades esenciales para comer atentos: dirigir toda nuestra consciencia y atención a la propia hambre para así poder llegar a saber de qué tenemos exactamente hambre y cómo satisfacerla. Otro aspecto importante del comer atentos es ser cada vez más conscientes de los hábitos y pautas alimentarias que desarrollamos a lo largo de la vida... Lo que suele denominarse como el condicionamiento.

Cuando leamos la palabra "condicionamiento" quizá pensemos en los experimentos de Pavlov con los perros. Mientras alimentaban a los perros tocaban una campanilla. Al cabo de cierto tiempo, los perros empezaban a salivar siempre que escuchaban el sonido de la campanilla, aunque no apareciese comida alguna. Las células de sus cuerpos y cerebros solo reaccionaban al sonido.

Los seres humanos también conforman conexiones de ese tipo. Cuando recibimos recompensas positivas, como alabanzas, sonrisas, besos y sensaciones agradables procedentes de la comida, es más probable que continuemos repitiendo un determinado comportamiento. Cuando recibimos información negativa, riñas, enfados, rechazo o sensaciones desagradables, como una colleja, es menos probable que continuemos con ese comportamiento. La comida en sí misma no es intrínsecamente buena ni mala. Aprendemos lo de "comida buena" o "comida mala" a través de la experiencia. Un bebé que gatee puede llevarse a la boca todo aquello que encuentre en el suelo, como animales muertos o gusanos, y masticarlo encantado hasta que su madre le grite: «¡Puf, eso es porquería! ¡Qué malo eres!». Luego le meterá el dedo en la boca para sacarle eso que le pareció tan rico. Más tarde, le enseñará a lavarse las manos, sentarse a la mesa y comer adecuadamente con cuchillo y tenedor. Sin embargo, si ese bebé se criase salvaje, con perros o lobos, preferiría comer carne cruda directamente del suelo.

Aunque nuestras elecciones alimentarias se ven afectadas por el condicionamiento social, algunos alimentos como el azúcar, la sal y la grasa proporcionan su propio refuerzo positivo en forma de agradables sabores y un estímulo anímico. Hay otros alimentos que justo proporcionan lo contrario. Un episodio en que se vomite tras comer hojas de ruibarbo o se acabe con ampollas en la boca tras masticar zumaque venenoso, proporciona un condicionamiento negativo muy potente. El condicionamiento positivo tiene como resultado el deseo; el del condicionamiento negativo es la aversión.

El condicionamiento es un fenómeno normal e inevitable en todas nuestras vidas. El condicionamiento relativo a la comida empieza desde que nacemos. Mientras mamamos su leche caliente, nuestra madre nos mima con su piel tocando la nuestra. La leche materna es sorprendentemente dulce. No es extraño, pues, que cuando la gente confecciona una lista de alimentos reconfortantes, muchos sean blancos, lechosos, cremosos o intensos, como los helados, los macarrones con queso, puré de patatas con mantequilla, un tazón de crema de sopa espesa, un café con leche merengada, un tazón de chocolate o incluso un sencillo vaso de leche caliente.

Cuando lloramos, nos reconfortan cogiéndonos en brazos y ofreciéndonos un pezón del que mamar. Los investigadores pueden evaluar la ansiedad en un bebé midiendo su ritmo al mamar. Cuanto más ansioso o angustiado, más mama por minuto. Durante generaciones se han utilizado trapos y chupetes sumergidos en azúcar para calmar a los bebés. Ahora se venden chupetes a millones debido al bienestar que proporcionan al chupar. También se usan para disminuir el llanto de los bebés durante la circuncisión. Por ello no resulta sorprendente lo populares que se han hecho las botellas de agua y refrescos. Es la manera lícita de un adulto de aliviar el estrés "mamando" todo el día. Una forma de reconfortarse más sutil es la taza de café caliente o de té que tenemos siempre a mano a lo largo del día. Nuestros cuerpos y mentes han creado el siguiente vínculo: estrés + bebida caliente = confort (disminución del estrés).

El condicionamiento continúa al crecer. El condicionamiento puede ser positivo o negativo. Conformamos asociaciones y hábitos muy distintos cuando comemos algo y el rostro de nuestra madre se ilumina y dice: «¡Muy bien! ¡Te lo has comido todo!», o frente a su mala cara cuando dice: «¡No seas cochino!». A una niña a la que le advierten: «Si comes demasiado te pondrás gorda como tu madre», se la está orientando hacia un camino muy distinto del de un chaval al que alaben diciéndole: «¡Pero qué apetito tiene! ¡Va a crecer mucho y será más alto que su padre!».

En los estudios realizados acerca de cómo comen las parejas en sus citas románticas, las mujeres aseguran que "comer demasiado" no sería muy femenino, mientras que a los hombres les parece que comer demasiado es señal de ser masculino o potente. En un experimento, los hombres leyeron una larga y detallada descripción acerca de un hombre llamado Brad que tenía una cita. Había dos versiones del relato, que diferían únicamente en estas palabras: o bien Brad comió "casi todas" sus palomitas, o bien "unos pocos puñados". Los hombres jóvenes que leyeron la versión "casi todas" calificaron a Brad como un tipo fuerte, más agresivo, más masculino y capaz de levantar más pesas. Lo interesante es que las mujeres no se sintieron afectadas de manera positiva o negativa por las palabras que indicaban que Brad tenía mucho o poco apetito.[1]

Nuestra relación con la comida está condicionada por miles de influencias: nuestra familia de origen, la publicidad, la televisión, las películas, los libros, las revistas, nuestro grupo de referencia y nuestra cultura. ¿Te has fijado en que si lees sobre cierto alimento en un libro, o lo ves en una película, empiezas a sentir hambre de él? Hace unos años se hizo popular una serie de libros sobre un presbítero de un pequeño pueblo ficticio de Carolina del Norte. Uno de los personajes, una mujer llamada Esther, tenía una receta secreta del pastel de mermelada de naranja que siempre se agotaba en los festivales anuales. Así que fueron tantos los lectores que desarrollaron tal antojo por un pastel que nunca habían probado, sino solo leído, que el autor escribió un librito con la receta. Yo misma horneé dicho pastel, pero me decepcionó descubrir que no sabía tan delicioso como el pastel (imaginario) descrito por los personajes (imaginarios) del libro.

Si te criaste en una familia complicada, las comidas tal vez fueron momentos desagradables, ocasiones discordantes o tensas, en las que la cólera podía estallar repentinamente, sin razón aparente. Tal vez era el momento en que todas tus "fechorías", reales o imaginarias, salían a la luz y eran criticadas en público. Quizá te decían que eras estúpido o un inútil y que les habías arruinado la vida a tus padres. Igual te ridiculizaban, te llamaban torpe o gordo, o cosas peores. Querías echar a correr, pero si te hubieras atrevido a dejar la mesa, el maltrato verbal y emocional hubiera empeorado.

En los experimentos de Pavlov con perros, la comida se asociaba a una campanilla. Tal vez, en tu casa, la comida se asociase con estrés, vergüenza, ansiedad y peligro. En los experimentos de Pavlov, el sonido de una campanilla hacía que los perros condicionados salivasen. Como los seres humanos son más complejos que los perros, y porque nuestro entorno no puede ser tan fácilmente controlado como una jaula en el laboratorio, pueden darse muchos resultados distintos, muchos comportamientos posibles, resultantes de la asociación del comer con el estrés.

Incluso cuando te haces mayor, dejas el hogar y puedes empezar a comer solo en condiciones de seguridad, hay sucesos que pueden hacer que el cuerpo y la mente reaccionen como cuando eras pequeño. Como sentir hambre significaba tener que entrar en un lugar peligroso durante la infancia, de adulto podrías reaccionar a la sensación de hambre como si fuese algo arriesgado. Tal vez intentes evitar la aparición de esas "peligrosas" sensaciones de hambre picoteando o bebiendo refrescos. Igual podrías confundir las sensaciones de ansiedad y hambre comiendo para aliviar "retortijones de hambre" que, en realidad, son señales gastrointestinales de ansiedad emocional.

Como la mesa familiar era el escenario de la infelicidad, podrías sentir una sutil ansiedad al sentarte a una mesa a comer. Por ello, quizá prefieras comer de pie frente a la nevera o en la cocina. Acaso te ayude a distraerte, así que también comes mientras ves la televisión o en el coche. A lo mejor solo te sientes seguro comiendo en restaurantes porque tu familia nunca montaba números en lugares públicos.

Digamos que tu familia tenía sus dificultades, pero el Día de Acción de Gracias todo el mundo se reunía en casa de la abuela, cesando todas las riñas y discusiones. La tensión se disolvía como mantequilla derritiéndose en puré de patatas. La armonía prevalecía y todo el mundo se sumergía en el placer de comer y en recordar los buenos tiempos. Ahora, ya adulto, cada vez que tienes una discusión con un miembro de la familia, o cuando la "familia" de voces internas en tu mente empiezan a discutir y a mostrarse críticas contigo, te descubres comiendo en exceso a propósito, hasta el punto de que te llenas demasiado, creyendo que así silenciarás temporalmente las voces.

Eso se denomina "autoconsuelo". Es utilizar la comida para ayudar a disfrazar o disipar sensaciones incómodas y voces internas. Pero no permanecerán calladas mucho tiempo. En cuanto te despiertes de tu letargo inducido por la comida, dispondrán de "más madera" para reanudar la autocrítica.

Esos comportamientos de "come deprisa y corre" o "picotea continuamente para evitar el hambre", o "comer hasta amodorrarse" fueron buenas estrategias mientras fuiste niño y tratabas de hacer lo que estaba en tu mano en una situación inevitable y de maltrato continuado. Pero utilizar la comida de ese modo no es una manera saludable ni feliz de comer ya de adulto.

Si el estrés y la comida estuvieron asociados a tu vida infantil, ¿te haría eso comer más o menos? Depende. La vieja relación de la ansiedad con la comida podría hacerte perder el apetito y comer menos. La visión o el sabor de ciertos alimentos que consumiste de pequeño podrían hacer que tu cuerpo reaccionase con un ritmo cardíaco más rápido, náuseas y la secreción de hormonas relacionadas con el estrés. Imaginemos que llegas a casa tarde, tras una larga y tensa reunión de trabajo y que tu pareja ha de recalentar una comida casera que se ha enfriado. Antes de que aparezca la comida sientes un nudo en el estómago, y no puedes comer. Tu pareja se siente contrariada y herida. Interiormente continúas sintiendo la falta de armonía imperante en el aire, la ansiedad combinada con retortijones de hambre, y te acuestas pronto con dolor de estómago.

No obstante, la vieja asociación de ansiedad con comida podría tener el efecto contrario. Podría hacer que comieses más, sobre todo alimentos reconfortantes. Tal vez llegues a casa sintiéndote infeliz por el resultado de una semana de trabajo duro y comas demasiado hasta el punto de sentirte insensible, para luego ver una película de risa en la televisión que trata de un hombre al que despiden del trabajo y que acaba viviendo con los sin techo bajo un puente. A ti, eso no te parece tan gracioso. De hecho, vuelves a sentirte angustiado, así que vas a revolver en la nevera, donde encuentras abierto un cubo de dos kilos de helado de moca, que te comes a escondidas, de pie, junto al fregadero. En el espejo del aseo, mientras tomas tu píldora contra el colesterol, ves una mancha de chocolate en tu rostro y de repente caes en la cuenta de cuánta grasa acabas de consumir. Te metes en la cama con tu pareja, sintiéndote culpable y a la defensiva, todo a la vez.

Ahora puedes ver cómo el caldo del viejo condicionamiento, operando a nivel subconsciente, puede seguir removiéndose con nuevos ingredientes para crear un amargo cocido de sufrimiento continuo.

Una forma común de condicionamiento se pone en marcha cuando le dicen a los niños: «¡Acábate el plato!». Resulta especialmente potente si nos hacen sentir culpables hablándonos de los niños desnutridos que mueren al otro lado del planeta. Esta instrucción nos dice que ignoremos las señales de nuestro estómago y que, en lugar de en ellas, confiemos en la señal de un plato vacío para decidir cuándo hemos comido "suficiente". Los estudios demuestran que así es exactamente como la mayoría de las personas de Norteamérica decide cuándo dejar de comer. Cuando se les pregunta cómo deciden cuándo dejar de comer, solo el 20% dice que basándose en señales de su cuerpo, como cuando se sienten llenos o dejan de tener hambre. El resto depende de indicios visuales, si el plato está a medias o vacío. Como vimos en el capítulo 2, incluso si se truca un tazón de sopa para que nunca se vacíe, la gente continuará comiendo hasta que se les diga que dejen de hacerlo.

Muchas de las personas que asisten a nuestros talleres de comer con atención no saben cómo decidir cuándo el cuerpo está satisfecho con la cantidad que han consumido. Las únicas señales que son capaces de reconocer son "incómodo-hambre" e "incómodo-atiborrado-lleno". Cuando comen, se saltan la señal más sutil de "satisfecho" y comen hasta que se sienten incómodos de estar tan llenos. Comen en exceso, y por ello aumentan de peso, sobre todo si consumen alimentos con calorías densas. La cirugía bariátrica funciona, en parte, porque exagera las señales del tracto gastrointestinal, de forma que los pacientes no pueden ignorarlas. Si lo hacen e intentan comer azúcar, grasas o más de una ración pequeña de comida, sufrirán dolor abdominal, náuseas, vómitos, debilidad y diarrea.

¿Por qué nuestros abuelos o padres nos dieron la instrucción (potencialmente letal) de dejar vacíos los platos? Tal vez como reacción a recuerdos del hambre que sintieron cuando fueron pobres, o bien durante la guerra o la Gran Depresión. Tal vez decidieron que sus hijos nunca pasarían hambre. En realidad, sus sonsonetes son una señal de su amor, pero a los hijos no se lo parece. Les hace sentirse criticados, culpables y confusos. Si en África hay niños que mueren de hambre, ¿qué es peor: comerse o no comerse el enorme bistec que tienes en el plato?

Los sonsonetes sobre la comida también pueden crear niños rebeldes. En una ocasión conocí a un inteligente profesor de universidad y a su igualmente inteligente esposa, que ponían en práctica la regla de "deja el plato vacío o te enterarás". Sus hijos, doblemente inteligentes, obedecían mansamente para así poder irse pronto a jugar fuera. Se convirtieron en los vomitones por excelencia del barrio. Probablemente, eso no era lo que pretendían sus padres.

Pistas para identificar comportamientos condicionados

La mayoría de las pautas de hábitos que creamos en la infancia son inofensivas y acaban desapareciendo. En el mejor de los casos, al ir madurando nos vamos haciendo más flexibles y capaces de reconocer pautas de comportamiento condicionado, pudiendo liberarnos de ellas. Algunas pautas reactivas, sin embargo, están profundamente implantadas. Permanecen ocultas y nos constriñen. ¿Cómo detectar que una vieja pauta de hábitos condicionados está activada? Hay varias pistas. Está el comer particular de un individuo, la cólera, el deseo abrumador y no ser consciente.

Comida peculiar

Como reacción a distintos eventos sucedidos en la infancia, todo el mundo desarrolla hábitos particulares relativos a la comida. Las investigaciones confirman el poder del condicionamiento, por ejemplo, en el orden en que las personas consumen los alimentos. Quienes fueron los pequeños de una familia grande tienden a comer primero la comida favorita. Durante la infancia aprendieron a no esperar para comer algo que les gustaba. Podía acabar en manos de otro y desaparecer antes de que se diesen cuenta. Quienes son hijos únicos o los mayores se muestran más relajados y tienden a dejar su alimento favorito para el final.[2]

Mi madre fue hija única, pero siempre se comía primero la guinda del pastel. Y lo hacía así porque de niña, en una ocasión, dejó la guinda para el final y resultó que su abuela la pinchó con un tenedor y se la llevó a la boca diciendo: «Vaya, así que no la quieres. Pues ya me la como yo». La indignada criatura decidió que nunca más le quitarían la guinda. Mi madre era consciente de ese hábito y de cómo surgió. Se reía de ello. Podía ser flexible y comerse la guinda al final sin sentirse angustiada.

No obstante, la mayoría de nuestros hábitos condicionantes son inconscientes y, por tanto, nos resultan desconocidos a menos que alguien nos los señale.

Un hombre que asistía a un taller de comer atento dejó a su familia de una pieza cuando de repente, en medio de una agria discusión sobre temas de salud importantes, se levantó y salió corriendo para conseguir helado y zarzaparrilla «que nadie necesitaba ni quería». Cuando le preguntaron acerca de ese extraño comportamiento, recordó: «De pequeño rara vez teníamos postre. Pero de vez en cuando, mi padre, que nunca cocinaba, nos preparaba zarzaparrilla. Era una gran ocasión. Ver una botella de zarzaparrilla hace que me acuerde de ello y me sienta feliz. Me doy cuenta de que cuando salí a por helado y zarzaparrilla estaba pensando: "Ahora mismo arreglo esto. Todo el mundo se sentirá bien. Conseguiré que todos vuelvan a sentirse bien"».

A veces debemos confiar en las observaciones ajenas para darnos cuenta del modo en que nuestra manera de comer puede resultar idiosincrásico. Mi padre comentó en una ocasión: «Vaya, veo que sigues comiendo de la misma manera que de niña. Siempre comes una sola cosa a la vez». No era consciente de esa pauta, pero al observarme a mí misma comer, me di cuenta de que tenía razón. Recordé que de niña no me gustaba que los alimentos se mezclasen. Me gustaba mantenerlos separados en el plato, de manera que el jugo de la remolacha no "manchase" los guisantes o el puré de manzana. Ni siquiera me gustabas mezclar sabores y comía toda la comida de un tipo en el plato antes de pasar al siguiente. Podía hacer rotar un vaso de leche para no beber utilizando el mismo borde por el que ya había bebido. Solo cuando fui consciente de esta pauta sentí la antigua ansiedad infantil subyacente y puede abandonarme a la libertad que apareció al abandonarla.

Cólera

En el monasterio Zen donde vivo y enseño, la comida pasa de mano en mano y se deja en una mesita auxiliar mientras recitamos nuestras oraciones y comemos las primeras porciones en silencio. Luego vuelve a colocarse la fuente en la mesa principal por si alguien quiere repetir. Durante los talleres de comer atentos, algunas personas se percataron de la aparición de la cólera cuando se podía volver a repetir. A menudo puedo predecir de qué clase de personas se trata, porque no pueden evitar levantar la mirada para ver qué tipo y cantidad de comida está llegando y cuánto se sirven los demás.

En un coloquio tras la comida, una participante en el taller dijo que le había gustado mucho la lasaña y que estaba esperando para ponerse más, pero que cuando le llegó la bandeja, no quedaba nada y se sintió disgustada. Nos dijo:

> «Lo gracioso es que mi estómago estaba totalmente satisfecho con la cantidad de lasaña que ya había comido, pero mi mente quería más. Luego recordé la sensación que tuve de niña. Era la menor de cinco hermanos. Mis hermanos mayores siempre

> se servían la comida en cuanto esta llegaba a la mesa, y yo tenía que ser rápida si quería comer algo. Comprendí que cuando como con más personas siempre me fijo en que la gente no se sirva más de lo que "le toca"».

Los supervivientes de campos de concentración afirman sentirse muy angustiados si tienen que hacer cola para poder comer, o si ven que se tira comida, aunque esté estropeada. También dicen que suelen sentir ansiedad cuando no se puede conseguir comida con facilidad.[3]

Deseo abrumador

Un viernes por la noche, mientras conducía hacia casa desde el trabajo me di cuenta de que padecía un desequilibrio con un alimento en particular. Había sido una semana dura, con demasiado sufrimiento a causa de nuestro programa de maltrato infantil. Esperaba con ganas que llegase el fin de semana para descansar en casa, cuando tuvimos un caso de violación, solo media hora antes de cerrar. Se trata de casos en los que no puedes precipitarte, sobre todo cuando recopilas pruebas. Terminamos hacia las ocho de la noche, y me dirigía a casa por la autovía cuando descubrí que mi mente revolvía en el coche en busca de… ¡chocolate! ¿Me quedaba algo en el bolso? Nada. Me lo comí ayer. Mi mente se dirigió entonces a la guantera. Una búsqueda mediante una sola mano no tuvo éxito, como tampoco revolver en los compartimentos laterales, ni mis tanteos por debajo de los asientos. ¿Debería parar en una tienda para conseguir una dosis de chocolate con leche de calidad inferior o esperar hasta llegar a casa para regalarme una cucharada del bote de emergencia de Nutella que tenía escondido en el fondo de la despensa?

Estaba mentalmente atrapada por un deseo abrumador de un tipo de comida, el chocolate. Casi todo el mundo se ríe cuando cuento el caso. Se trata de risas de reconocimiento. Revelan que también esas personas que se ríen tienen una "adicción" a algún tipo de comida. Reconocen que les "llama" cuando están alterados y que comen más de lo que "deberían". A menudo, lo devoran con más rapidez de lo normal y luego se sienten incómodamente llenas, culpables o avergonzadas.

No ser consciente

Aunque es normal comer más de la cuenta de vez en cuando, sobre todo en días festivos o durante los festivales, las personas con desórdenes alimentarios sucumben a episodios que están fuera de su control cada pocos días, consumiendo miles de calorías en una o dos horas. Puede que sean conscientes de que su objetivo es no ser conscientes, de que quieren olvidar brevemente emociones dolorosas, temores, soledades y la sensación de que están fracasando. A veces comemos para no ser conscientes y, a veces, caemos en la inconsciencia al comer. Ambas situaciones pueden apuntar hacia pautas de hábitos ocultos que implican la comida.

Cuando era una interna que trabajaba en el hospital haciendo guardias de 48 horas, solía ir al departamento de rayos X por la noche, tumbarme en la máquina de revelado, todavía algo caliente, y comerme un chocolate Ding Dong helado. Ni siquiera me gustan los Ding Dong, pero el azúcar frío y cremoso y el metal caliente me ayudaban a adormecer mi estrés físico y mental, para así continuar trabajando con personas en situaciones más angustiosas que la mía.

La cuestión con el comer atentos no radica en prohibirnos utilizar la comida de este modo. La cuestión radica en que comiendo conscientemente podemos llegar a enterarnos del seductor poder de la llamada a tornarnos inconscientes. Al hacernos conscientes de ello estamos creando un marco más grande de lo que sucede en nuestro complejo cuerpo-mente. Este mayor espacio nos proporciona flexibilidad, la libertad para vivir la vida con propósito. Con cada elección consciente, tanto si acabamos eligiendo un Ding Dong o un batido de proteínas, se manifiesta en nuestra vida un grado mayor de cordura.

El poder de la consciencia

¿Cómo podemos trabajar con el condicionamiento inconsciente a fin de deshacernos de su doloroso abrazo? La clave está en la consciencia. Nuestro deseo de ser conscientes, de ver con claridad cómo nuestros puntos ciegos hacen que tanto nosotros como otros suframos, ha de ser más fuerte que nuestro deseo de vivir en piloto automático. No es una decisión sencilla ni fácil de mantener. Se trata de una decisión que hemos de afrontar una y otra vez.

La mayoría de las veces cuando hablamos de la cólera lo hacemos como de una emoción destructiva, algo que hemos de destruir. Pero la cólera también puede ser un potente maestro. Es una llamada a despertar, una señal de que se ha activado una pauta inconsciente, de que nuestras ilusiones, los escudos de protección de nuestro ego, se han activado. Una vez que lo han hecho, dejan de ser invisibles. Podemos empezar a ver de qué se trata y a trabajar para desactivarlos. Por ejemplo, si alguien me sirve un plato con el jugo de la remolacha penetrando en la ensalada y coloreando el puré de patatas, pudiera descubrirme pensando, indignada: «No es una persona muy limpia».

Si soy consciente de mi mente, podré detectar que hay algo en marcha. Podré sentir el "calor" suplementario que genera ese juicio interno. Puedo escuchar la manera en que la mente desarrolla una historia justificadora. «Sí –se dice la mente a sí misma–. Ya me he fijado en que no ha vaciado la papelera de su aseo antes de que llegásemos.» Mi mente empieza a revolver su armario de viejos agravios. Si puedo detener esos cuentos y regresar a la realidad del plato de comida que tengo entre manos, el peso, los aromas, los colores y las formas, entonces puedo disfrutar de la comida y sentir gratitud hacia quien lo ha preparado y servido.

Puedo observar de nuevo que el sufrimiento se ha originado en mí: «Vaya, solo es un plato de colores y formas. Es un regalo. Ha activado mi antigua ansiedad sobre que no se mezclen los alimentos. Puedo ver ese sendero mental, que esta noche no recorreré. Permaneceré con lo que es, aquí y ahora».

¿Cómo podemos romper con viejas pautas y hábitos? La respuesta es aparentemente simple, pero no tan fácil de poner en práctica. Rompemos con los viejos hábitos siendo conscientes de ellos sin movernos. "Ser conscientes sin movernos" implica no hablar, no hacer nada con el cuerpo. Mover la boca o el cuerpo es lo que los budistas llaman *karma*. Cuando detenemos un comportamiento automático, cuando creamos una brecha entre un pensamiento y la acción o la palabra que normalmente le sigue, estamos introduciendo una cuña en la puerta de la prisión compuesta por miles de hábitos condicionantes. Al final, tras años de práctica la puerta se abrirá de par en par. Cuando las viejas pautas de hábitos se manifiesten, tendremos una elección. Incluso podremos sonreír ante lo absurdo de numerosas artimañas mentales.

EJERCICIOS

Ser consciente del condicionamiento relativo a la comida

Es útil empezar recordando qué representaban para ti las horas de comer en la infancia. Mejor que lleves a cabo este ejercicio con un compañero. Descríbele a tu compañero una comida típica cuando tenías entre 5 y 10 años. Empieza con el desayuno. Luego pasa a la comida y la cena. Tu compañero puede interrumpirte haciéndote las preguntas que sean necesarias: ¿Qué comías? ¿Quién estaba presente? ¿Cuál era el nivel de ruido y actividad? ¿Quién preparaba la comida? ¿Cómo se servía? ¿Qué atmósfera reinaba mientras se comía? ¿De qué se hablaba? ¿Quién llevaba la voz cantante? ¿Cuánto duraba una comida? ¿Cómo se levantaban y marchaban los asistentes? Al tener entre 5 y 10 años, ¿tenías algún tipo de deberes relacionados con cocinar, comer o recoger la mesa? Luego invierte los papeles, para que tu compañero pueda hacer el ejercicio mientras tú escuchas y haces las preguntas.

Pregúntale a un miembro de tu núcleo familiar cómo eran sus comidas cuando **tenía** entre 5 y 10 años. Es importante que se lo preguntes de manera cálida y acrítica, como si fueses un académico realizando una investigación histórica. Puedes elaborar este estudio diciendo que quieres recopilar la historia familiar y aprender más sobre la vida de tus padres o de otros familiares.

Si se lo preguntas a un padre o abuelo, te enterarás de su condicionamiento alimentario y cómo te lo han traspasado a ti. Si se lo preguntas a un hermano, podrás obtener un punto de vista distinto acerca de los hábitos alimentarios de tu familia.

Cuéntale a un compañero todas las reglas que recuerdes que existían en tu infancia y en tu familia acerca de la comida, comer y modales en la mesa. Por ejemplo: «Acábate lo que tienes en el plato o....». «Nada de postre a menos que....» «No mastiques con la boca abierta....» «A los niños hay que verlos, no escucharlos»

Cuéntale a ese compañero cómo reaccionabas ante esas reglas. ¿Las seguías o las modificaste y te rebelaste contra ellas?

Pregúntale al menos a otra persona que te conociese, cuando tenías entre 5 y 10 años, qué tipo de comensal eras. Si se lo preguntas a uno de tus padres o a un hermano mayor, puedes preguntarle sobre tus hábitos alimentarios desde el nacimiento y a lo largo de la infancia.

¿Pueden describir tus hábitos alimentarios en una palabra? ¿En una frase? ¿Padecías alguna dificultad física relativa a la comida? ¿Cólicos? ¿Reflujo gastroesofágico? ¿Dolores de estómago? ¿Diarrea o estreñimiento? ¿Te sucedía con los alimentos que no te gustaban o con los que sí? ¿Cómo saben todo eso?

Nota: se trata de un empeño algo arriesgado, pues podrías enterarte de cosas sobre ti mismo que te resulten incómodas. Ten en cuenta que lo que escuchas solo es un punto de vista y que existen tantas perspectivas como personas. La opinión de alguien acerca de tu pasado puede resultar halagüeña, interesante o molesta, pero solo se trata de una parte muy pequeña de la verdad.

Hemos de convertirnos en juez y parte, en el científico y el animal sometido al experimento. Hemos de querer descubrir nuestras pautas de hábitos alimentarios semiocultos, para así poder liberarnos de los comportamientos automáticos. Hemos de ser curiosos y acríticos acerca de esa interesante construcción que denominamos "yo mismo".

Comilonas o inanición (atracarse o hacer dieta)

Un área especialmente importante del condicionamiento tiene que ver con atracarse y hacer dieta. Si observamos esos impulsos, descubriremos que no solo están enraizados en las experiencias de nuestra vida personal, sino en nuestra historia humana colectiva.

«Llevo a dieta desde que cumplí 14 años –dijo Curt–. Ha sido una batalla diaria muy dura. Desde el primer momento del día, cuando me despierto y no puedo desayunar lo que me gustaría, y así durante todo el día hasta la noche, cuando discuto conmigo mismo acerca de cenar una segunda vez. Ha sido una batalla continua, sin treguas.» Para Curt, unirse a Glotones Anónimos fue de gran ayuda: «Dejé de hacer dieta y pasé a ser abstinente,* y perdí 34 kilos. Pero luego cometí el error de comer un helado y acabé recuperando esos 34 kilos». Dice que ha vuelto a la lucha y a ser "abstinente otra vez", perdiendo los dichosos 34 kilos. «Pero me comí una galleta en un retiro de fin de semana, porque estaban en la mesa del té y todo el mundo comía galletas, y esa galleta se convirtió en casi 12 kilos.»

Esa es la modalidad de dieta "comilonas o inanición". Una "voz" en tu mente toma las riendas y te pone a dieta. Te habla sobre las reglas, lo que deberías y no deberías comer. Deberías comer cinco comidas pequeñas, deberías saltarte el desayuno

* Aunque Curt utiliza la palabra *abstinente*, ese término se aplica más a la recuperación tras una adicción a las drogas o el alcohol que a una adicción a la comida. Hemos de comer para vivir. Es importante comprender que en realidad es mucho más difícil *reducir* el consumo de algo que se usa adictivamente que detener su consumo por completo.

y consumir solo una comida importante, las proteínas son buenas, la grasa es mala, no, la grasa es buena y los hidratos de carbono, no. Puedes comerte un dulce más porque en realidad esta mañana no te pusiste azúcar en el café, pero nada de más mantequilla ni sal en las palomitas porque esta semana no has hecho ejercicio y la sal te hace retener líquidos y ganar peso.

Tarde o temprano te cansarás de que esa voz no haga más que darte órdenes y algo cambiará. Tomará el poder otra parte u otra voz. Tal vez sea a consecuencia de abandonarte al devorar una sola galleta o un vasito de helado: «¿Pero qué…? –dice la voz– Te lo has cargado, así que más vale que hagas lo que te dé la gana». De repente, te sacudes el férreo control de la disciplina estricta y te abandonas consintiendo en comer todo lo que quieres, y a montones.

Pasar del modo ayuno al modo comilonas, también llamado "efecto yoyó", se convierte para mucha gente en todo un estilo de vida. Es una manera de vivir frustrante, agotadora y que te come la moral. Cuando la voz interior que no estaba al mando aparece y se hace con las riendas otra vez, has de estar de guardia día y noche. ¿Quién quiere vivir su vida como responsable y víctima a la vez de una interminable batalla interior? El Buda dijo que no importa si deseamos u odiamos algo, porque seguimos atados a una estaca como un perro. Tanto si nos abandonamos a la carne como si somos furibundos vegetarianos, seguimos atados a la misma estaca (o bistec).

¿Cómo podemos desatar la cuerda que nos sujeta al deseo o la aversión por la comida? ¿Cómo podemos insuflar en nosotros mismos una sensación de confianza con respecto a la comida, hallar paz de cuerpo y mente cuando comemos? Observar nuestros impulsos ocultos a través de una lente histórica ayuda.

La vieja invitación a ayunar y el miedo a pasar hambre

Nuestros antepasados carecían de un suministro continuo de alimentos. Cuando mataban un animal grande –una ballena, un bisonte, un mamut o un elefante–, todo el mundo se atracaba y comía con glotonería. La refrigeración no existía y no había manera de conservar las sobras. Al cabo de pocos días, la carne empezaba a pudrirse, y podían pasar semanas o meses antes de matar a otro animal grande, por lo que había que comer enormes cantidades rápidamente, almacenarlas en el cuerpo, para los tiempos de escasez que probablemente llegarían. Se trata de un recuerdo antiguo o atávico que nos hace comer todo lo posible, aunque no tengamos hambre, no fuese que mañana no encontrásemos nada que comer. No importa si alguna vez hemos pasado hambre en nuestras vidas, o si nuestros padres y abuelos siempre dispusieron de comida: hay algo profundo en nuestro cerebro primitivo que sigue temiendo morir de hambre, escasez y hambrunas.

Las hambrunas han continuado formando parte de la vida humana a pesar del desarrollo de la agricultura y de los avances tecnológicos que han incrementado la producción de cosechas a lo largo de la historia de la humanidad. Existen incontables ejemplos de grandes poblaciones muriendo de hambre, tanto en la antigüedad como en la época actual. Hace más de 3.000 años, Egipto sufrió varias décadas de sequía. Un texto autobiográfico dejado por un soberano de esa era devastadora dice: «Todo el Alto Egipto moría de hambre y la gente se comía a sus hijos». El Antiguo Testamento describe siete años de carestía y plagas de langosta que devoraron las cosechas. Walter Mallory, un funcionario de ayuda contra el hambre en Asia, ha señalado que los escribas chinos registraron cuidadosamente 1.828 hambrunas entre el año 108 a. de C. y 1911 d. de C., casi una al año.

En los últimos 60 años, las hambrunas han matado a 30 millones de personas en China, a 3 millones en Corea del Norte y a medio millón en Etiopía. En el siglo XXI, cada cinco segundos muere un niño de hambre en algún lugar del planeta. De todos los continentes, solo Norteamérica parece haberse salvado del sufrimiento de una hambruna generalizada. No obstante, uno de cada ocho niños norteamericanos se va a la cama con hambre, y uno de cada seis ancianos tiene una dieta inadecuada. Casi la mayoría de los alcaldes de ciudades estadounidenses informan de que no pueden afrontar las necesidades alimentarias de sus ciudadanos más vulnerables. El miedo a la escasez y el imperativo instintivo de comer mientras haya comida no es, pues, infundado ni siquiera en nuestro tiempo, y todas esas sensaciones se combinan para producir uno de nuestros impulsos más primitivos y potentes.

Además de todos esos antiguos miedos celulares acerca de morir de hambre, hay mucha más gente de la que imaginamos que ha pasado por experiencias reales de escasez o hambre en sus propias vidas. Esos angustiosos recuerdos confirman y refuerzan los miedos atávicos con una vocecita que susurra: «¿Recuerdas cuando pasaste hambre? Pues puede volver a pasar. Más vale que comas cuanto puedas mientras haya en la nevera».

Experiencias de privación

Tal vez pienses que no conoces a nadie que alguna vez haya podido pasar hambre de verdad, pero es probable que te equivoques. Yo no me di cuenta de ello hasta que empecé a dirigir talleres de comer atento y escuché relatos de privaciones anteriores, incluso en familias de clase media. Cuando los participantes contaban vacilantes sus historias al grupo, solían tener intuiciones acerca de cómo se habían desarrollado sus contraproducentes pautas con los alimentos. Cuanto más joven era una persona al pasar por esas experiencias, más intensa solía ser la pauta reactiva. Veamos tres ejemplos:

La historia de Josh

Cuando Josh tenía seis años su padre murió de cáncer de colon. Durante varios años, antes de su muerte, el padre estuvo saliendo y entrando del hospital, y las comidas familiares se fueron difuminando en el caos resultante. Tras la muerte del padre, la madre, una profesora de enseñanza primaria con varios premios en su haber, cayó en una profunda depresión. Conseguía recuperarse para ir a dar clases, pero llegaba a casa sin energías para cocinar o ni siquiera para comprar alimentos. Josh recuerda sus llantos continuos durante años hasta que volvió a casarse. Fue una elección desafortunada: un hombre que la maltrataba verbalmente, y también a Josh. Este vivió de la comida que podía hurgar por ahí: mantequilla de cacahuete, espaguetis en lata, cereales azucarados, chuscos de pan, mortadela, leche y Bollycaos.

De mayor, dice que los alimentos que le mantuvieron vivo durante una infancia solitaria son reconfortantes, incluso los chuscos duros. Se describe a sí mismo como "adicto" a la mantequilla de cacahuete. Emprendió un mes de abstinencia de la mantequilla de cacahuete a fin de afrontar su temor de quedarse sin ella. Gracias a la práctica del comer con atención, Josh es consciente de que ciertos alimentos pueden proporcionarle consuelo. Puede utilizarlos siendo consciente de su poder particular, sin pasarse en su consumo.

La historia de Lydia

A Lydia la criaron sus padres, adolescentes cuando la concibieron, siendo la primera de cinco hijos que nacieron muy seguidos. Niños criando a niños. En realidad, niños alcohólicos criando a niños. Lydia nos contó que sus padres solían desaparecer, a veces durante días, para irse a beber con los amigos. A Lydia le tocaba hacerse cargo de sus hermanos pequeños. Les recuerda llorando de hambre, en una casa vacía de comida. Les alimentaba con hielo que rascaba en el congelador, dándole gusto de vainilla, lo único que encontró en un cajón vacío. Ahora a Lydia le encanta cocina, comer y alimentar a la gente. Los recuerdos de ese casi morirse de hambre la mantienen segura en sus más de 135 kilos, a pesar de sus muchos períodos a dieta. Padece una diabetes incontrolada y presión alta y está pensándose lo de la cirugía intestinal. Sabe que tras la operación deberá tener mucho cuidado con lo que come y que los tamaños de sus raciones tendrán que ser muy pequeños. Mientras se prepara para la operación está aprendiendo a comer atenta.

La historia de Erika

Erika nació de padres ya mayores, con una enfermedad que hacía que tuviese una piel áspera, escamosa y que se infectaba con facilidad. Su rígida y crítica madre fue incapaz de ocuparse de ella y la metieron en un hogar infantil cuando cumplió seis meses. Allí enfermó y fue trasladada a un hospital, donde tuvo que ser alimentada con un tubo por la nariz. La equivocada política que se seguía entonces consistía en no permitir que los padres visitasen a sus hijos en el hospital, ni que pasasen allí la noche, por miedo a alterar a los niños enfermos. No regresó a casa hasta que tuvo un año.

Durante un largo retiro de meditación, Erika se vio de repente transportada de nuevo a la infancia. Se reexperimentó vívidamente a sí misma como un pequeño ser en una enorme y fría cama, demasiado débil para mover nada más que los ojos. Una luz fría y luminosa la deslumbraba. De vez en cuando aparecía un adulto que olía mal y la tocaba con unas manos heladas. Recuerda: «Me sentía vacía por debajo de la garganta y el estómago daba la impresión de ser un mar de anhelo vacío».

Erika es de una familia de clase media, pero sus padres no aprobaron su carrera, decían que carecía de la inteligencia y la energía para ser médico. De repente se convirtió en una estudiante pobre que asistía a la facultad de Medicina en un país extranjero. Estudió en los tramvías porque estaban calientes. Dice que su pensamiento se organizó atendiendo a qué y cuándo podía comer. Aprendió dónde comprar los alimentos más baratos y miraba con ansiedad la comida dejada en los platos de otros, en los contenedores de la basura, o la que aparecía caída en el suelo de las tiendas de comida. Vio como a muchas mascotas les daban alimentos que ella se habría zampado de mil amores. Sintió envidia de los que estaban en los restaurantes, tan descuidados con sus comidas como ella lo fuera en una ocasión. A veces, la tentación de coger la comida que otros se habían dejado se tornaba "casi insoportable". Descubrió nuevas compañías, a las que describe como «viejos mendigos barbudos, vestidos de forma extraña e inmigrantes desesperados, a ancianos solitarios bien vestidos y que revolvían en los cubos de basura, así como a madres pobres haciendo cola en la calle para comprar de rebajas mientras diluviaba».

Esas experiencias la habían marcado con sufrimiento, pero también la habían convertido en una doctora más compasiva, capaz de «sintonizar con esa visión del mundo en cualquier momento y con una debilidad por quienes padecían obsesiones con la comida». Se hizo oncóloga, para ocuparse de aquellos que sufrían cánceres, la mayoría pacientes que se sienten solos y asustados. Entre ellos hay muchos niños, entre ellos hay mucha gente que no puede comer y que se va debilitando.

Estamos ante historias que no solo tratan del hambre física insatisfecha, sino también de un hambre del corazón igualmente insatisfecha. Comida y amor, que suelen ir unidos en nuestra mente, se fusionan de manera traumática cuando los padres privan a un hijo de la nutrición, no solo calórica, sino también emocional.

Como su experiencia de privación se produjo al principio de su vida, cuando contaba con escasas habilidades para lidiar con ello, y como implicaba culpabilidad por no ser capaz de aliviar el sufrimiento de sus hermanitos pequeños, así como cólera hacia sus padres inmaduros, es más probable que los patrones alimentarios de Lydia sean provocados por fuertes impulsos reactivos. Era probable que se atiborrase cuando había comida disponible, que animase a comer a aquellos que amaba y probablemente tendía a acumular comida. Como Erika pasó hambre de mayor, cuando podía hablar consigo misma mientras pasaba por una situación temporal en la facultad de Medicina, era probable que su pauta reactiva no fuese tan intensa. Eso haría que se viese repitiendo raciones cuando en realidad no tenía tanta hambre, o llevándose a casa el paquetito de galletas saladas que no se comió en el avión.

He conocido muchos ejemplos de privación alimentaria en mi trabajo. Están los niños diagnosticados con "fracaso para crecer", pequeños y con escaso crecimiento a pesar de nuestro ardiente consejo nutricional a sus padres. De repente, cuando llegan a los dos o tres años, se les dispara el peso. Hemos comprendido que ahora podían alcanzar los cajones y abrir las neveras por sí mismos, y obtener así los alimentos necesarios. Los padres adictos a las drogas que pierden el apetito cuando están colocados suelen olvidarse de alimentar a sus hijos. He hablado con muchos niños que empezaron a prepararse la comida a los seis o siete años, tanto para ellos mismos como para sus hermanos más pequeños. Sus padres, o estaban colocados, o bien durmiendo, y se olvidaban de alimentar a los hijos. Esos niños podían no tener recuerdos conscientes de haber pasado hambre, pero sus mentes inconscientes sí lo recordarán. Tal vez podían sentir un intenso impulso de comer más de lo necesario, no fuese que la comida faltase mañana o toda la semana que viene. *Esas tempranas experiencias de "insuficiencia" son potentes formas de condicionamiento. Cuando la falta de comida va emparejada con la falta de amor, el impacto es doblemente profundo.*

Cómo lidiar con el miedo al hambre

El antiguo miedo a morir de hambre era tan necesario para la supervivencia que parece haber pasado a formar parte de nuestras células. Cuando esta primitiva ansiedad, transmitida a lo largo de incontables generaciones, se asimila en esta vida con experiencias reales de escasez, puede hacer que surjan intensas emociones, aparentemente de la nada, que nos impulsen a comer. Mientras nuestro comportamiento esté controlado por recuerdos ancestrales, por la mente subconsciente y por pautas de hábitos condicionados, no seremos libres. Si intentamos superar todo eso obligándonos a mantener una pauta de rígido control, seguiremos sin ser libres.

¿Cómo podemos liberarnos de pautas de condicionamiento que se han ido repitiendo durante muchos años, durante muchas generaciones? Empezamos con ejercicios de mindfulness. Esos ejercicios, y nuestros debates en grupo acerca de los ejercicios, pueden ayudarnos a descubrir pensamientos y comportamientos automáticos ocultos. Una vez que los situamos bajo la luz de la consciencia, esos comportamientos cambian. Puede que lo hagan lentamente, pero lo cierto es que dejarán de tener el control sobre nosotros que tenían hasta entonces, cuando operaban en la oscuridad del inconsciente, ocultos a la luz de nuestra consciencia.

Repito que todo lo que se necesita es un pequeño cambio, un pequeño cambio de consciencia, un pequeño cambio de comportamiento. La antropóloga Margaret Mead observó que una costumbre, como comer siempre pescado los viernes, puede persistir durante siglos, pero acabará cambiando inevitablemente. La gente empezará a comer pollo los viernes, o pescado los martes. También vale para nuestras costumbres individuales. Mientras las pautas de hábitos permanezcan ocultas entre bastidores, seguirán inalterables. En cuanto las saquemos al escenario de la mente y las ilumine el foco de la consciencia, cambiarán.

Por ejemplo, una vez que veamos que siempre que nos estresamos nos calmamos con helado de vainilla, este hábito empezará a perder su poder sobre nosotros. El siguiente paso es cambiar el comportamiento. Si somos capaces de experimentar el impulso de comer de manera desordenada y *no actuamos al respecto*, aunque sea de vez en cuando, será algo estupendo. Eso podría significar no tener que correr a buscar un helado de vainilla, o sustituirlo por rodajas de mango helado, o bien retrasar lo del helado durante 30 minutos. No hay que minusvalorar los cambios pequeños e intermitentes en el comportamiento. En última instancia, los movimientos pequeños pueden acabar teniendo un impacto importante, conduciéndonos de manera lenta pero segura hacia una vida más saludable.

EJERCICIO

Ser consciente de las pautas reactivas con la comida

Con un compañero o en grupo (o en un diario si estás solo), comparte historias de:

- Comida utilizada como recompensa.
- Comida utilizada como castigo.
- Acumular comida.
- Privación e inanición.

¿Puedes identificar alguna pauta reactiva producto de esas experiencias?

EJERCICIO

Ser consciente de los antojos, miedos y ansiedades relacionados con la comida

Para realizar este ejercicio necesitarás papel y lápiz. En la hoja de papel organiza cuatro columnas. Al principio de la primera columna escribe "Alimentos en caso de enfermedad". Confecciona una lista de las comidas que te gustaría que te preparasen al estar enfermo. Por ejemplo, ¿qué te gustaría comer cuando estás seriamente resfriado o tienes la gripe? A continuación, en la misma columna escribe lo que te preparaba tu madre cuando estabas enfermo. ¿Son los mismos alimentos o distintos respecto a los que quisieras ahora?

Al principio de la segunda columna escribe "Alimentos reconfortantes". Enumera lo que comes cuando necesitas consuelo. Ayuda el plantearse: «Cuando llego agotado a casa tras un mal día, pienso: "Lo que ahora me iría al pelo sería..."».

Título de la tercera columna: "Alimentos antojo". Haz una lista de los alimentos con los que sueñas o por los que te desvives y compras, o aquellos de los que nunca tienes suficiente.

Finalmente, titula la cuarta columna "Alimentos temidos y desagradables". Prepara un lista con los alimentos que temes comer, o que te desagradan especialmente. El miedo puede sentirse de manera tenue, como una evitación, o bien de forma intensa, o incluso con cólera cuando los ves o los hueles. ¿Sabes por qué temes o te desagrada especialmente algún tipo de alimentos?

Azúcar, sal y grasa: ¿trinidad perversa?

Otro aspecto importante al explorar los hábitos alimentarios es fijarnos en nuestros antojos de lo que pudiéramos denominar "las tres grandes": azúcar, sal y grasa. Son una trinidad perversa y muy provechosa. La industria de la comida rápida depende de nuestro insaciable deseo de las tres: el sabor suave de lo dulce, el gusto intenso de la sal, y el gusto frito y la textura cremosa de la grasa. Cuando comemos de más, estas tres marías desempeñan un papel en muchas enfermedades, como diabetes, presión alta, enfermedades cardíacas, obesidad, infarto e hígado adiposo o graso. Cuentan con una característica adictiva. Fíjate en lo difícil que es conseguir que un niño que ha crecido con comida rápida adopte una dieta sana. No hace mucho, mi nieto llegó a casa procedente del instituto lamentándose: «Ahora, en la escuela solo dan patatas al horno en lugar de fritas. No saben igual». Preocupados por la epidemia de obesidad infantil, los nutricionistas de nuestro distrito escolar han prescindido de las freidoras. ¿Por qué menos grasa y sal no saben igual de bien, ni siquiera para un niño? ¿Por qué la comida rápida que contiene esa trinidad perversa sabe mejor que la cocina tradicional –a la que desplaza inevitablemente– en cualquier país donde se venda?

Pues la razón es que el azúcar, la sal y la grasa conforman una santísima trinidad. Son esenciales para nuestra supervivencia. Nuestro cuerpo las reconoce como sustancias valiosas. Hasta no hace mucho resultaban de difícil obtención. El relato de nuestra historia con esos alimentos nos dice mucho de por qué son tan importantes en nuestros antojos alimentarios y por qué los seres humanos en todo el mundo mantienen una relación desequilibrada con ellos una vez que disponen de acceso a un suministro ilimitado de ellos.

El azúcar y la grasa son fuentes de energía. Necesitamos su energía para estar calientes y ser seres vivos activos, para que funcionen los miles de millones de diminutas factorías en las células del cuerpo. El azúcar se absorbe rápidamente y proporciona un chute inmediato de energía, pero no puede almacenarse en el cuerpo para ser utilizada más tarde. Si no ingerimos azúcares, nuestras reservas solo duran unas seis horas. La grasa se absorbe más lentamente que el azúcar y puede almacenarse bajo la piel y en el interior de las "panzas cerveceras". El cuerpo puede convertir el azúcar en glucosa, transformando la grasa en un combustible de liberación sostenida. La grasa fue vital para la supervivencia de nuestros antepasados en invierno o durante las épocas de vacas flacas. La tercera sustancia que tanto anhelamos, la sal, es esencial para mantener el estrecho margen saludable de sodio y cloruro del que dependen las células para su funcionamiento. Fijémonos en nuestras urgencias de cada una de las integrantes de la trinidad.

Azúcar

¿Por qué nuestras bocas desean lo dulce? Básicamente porque no podemos comer luz del sol. Dependemos de las plantas para convertir la energía solar en azúcar, una forma que podemos comer y saborear. La caña de azúcar (en los trópicos) y la remolacha azucarera (en las zonas templadas) son los conversores más eficientes de energía solar en azúcar. El dulce en forma de azúcar refinada es una invención reciente. El azúcar concentrado solo está disponible para el consumo masivo de los cuerpos humanos desde hace unos 150 años, como resultado de un cultivo a gran escala de esas dos plantas.

Mientras que al rey Enrique III de Inglaterra le costaba conseguir kilo y medio de azúcar para dar un banquete, en la actualidad, el norteamericano medio consume ese kilo y medio de azúcar, y otros edulcorantes, ¡cada semana! Hace tan solo 250 años, en Inglaterra el azúcar era tan valioso que se le llamaba "oro blanco". Pero hoy en día, el rey Enrique podría enviar a un sirviente al colmado de la esquina con menos de dos dólares para comprar su kilo y medio, que ni siquiera alcanzaría para unos pocos de los pasteles con azúcar glasé de las recetas actuales. «Pues vaya banquete», se quejarían los invitados actuales al ver el trocito tan pequeño que les tocaría. «¿Dónde está el *buffet* de los postres y la fuente del chocolate?»

Nuestro primer alimento, la leche materna, era dulce y, en caso de poder elegir, preferimos las bebidas dulces incluso antes de nacer. Los bebés tragan fluido amniótico en el interior del vientre materno. Si añadimos azúcar a ese líquido salado, su ritmo de ingestión aumenta. El dulzor nos reconforta, y es una señal de que una planta o un fruto son comestibles. Un sabor amargo suele indicar que la planta contiene alcaloides peligrosos.

Durante la mayor parte de nuestros miles de años de evolución, los seres humanos hemos invertido mucho tiempo y energía básicamente para obtener energía suficiente con la que sobrevivir. Al aumentar la capacidad cerebral, también lo hizo la necesidad de azúcar, el combustible del cerebro. El cerebro humano representa una quinta parte del peso corporal, pero requiere más glucosa que el resto del cuerpo. El cuerpo puede convertir el almidón y la grasa en glucosa, pero esa conversión requiere energía. El azúcar puro, un éxito energético delicioso y reconfortante, no estaba disponible en la antigüedad. En las raras ocasiones en que la gente daba con un alijo de azúcar, por ejemplo con un panal de abejas, debían emplear un montón de energía para trepar por el árbol, ahumar el lugar para echar a las abejas, extraer la miel del panal y curarse las picaduras de los aguijones. O bien debían conformarse con los arces, cortar madera para encender hogueras y poder hervir unos 4 litros de savia con el fin de obtener una tercera parte de una taza de sirope de arce. Si a eso añades la energía necesaria para fabricar un hacha con la que abrir una herida profunda en los árboles y los cubos de corteza de abedul para recolectar la savia y las vasijas donde almacenarla, representaba mucho trabajo para un tercio de vaso, o 320 calorías de sirope dulce.

Aunque el azúcar escaseaba, podíamos obtener un gran placer de pequeños e infrecuentes atracones de azúcar. Ahora que el azúcar es barato, y hay por todas partes, parece saciarnos menos y consumimos más según pasan los años. El consumo medio de azúcar y otros edulcorantes en los Estados Unidos es de unos 70 kilos por persona y año, siendo incluso mayor en Europa y Australia. Eso representa casi media taza de azúcar al día, además del azúcar ya presente en los alimentos. A la mayoría de las personas les cuesta imaginarse tratando de tragar tres cuartas partes de una taza de azúcar o miel, a cucharadas, cada día. Pero eso es justo lo que hacemos, y estamos encantados de hacerlo, porque hay edulcorantes ocultos en casi toda la comida procesada.

Los 150 años de exposición al azúcar concentrada solo representan cinco o seis generaciones, lo cual no es tiempo suficiente para que los cuerpos humanos hayan desarrollado una manera de manejar la ingesta de la cantidad de azúcar que consumimos, diez veces más que nuestros antepasados. No es de extrañar que el pobre páncreas sea incapaz de producir la insulina suficiente para hacer frente a todos los edulcorantes que absorbemos.

A fin de hacerme una idea sobre la enormidad del cambio de nuestra dieta desde que el azúcar concentrado se abarató tanto, abundó tanto y se convirtió en uno de los ingredientes básicos de nuestra dieta, tomé el ejemplo de una mujer amerindia que hubiese vivido hace 250 años en los bosques a orillas del río Columbia, donde se levanta ahora nuestro monasterio. ¿Cuáles eran las fuentes de azúcar en su dieta antes de que los europeos aparecieran por primera vez en su tierra? La fruta. En realidad, las frutas silvestres, pues era antes de que los primeros colonos introdujesen los cultivos de manzanas, peras y ciruelas. Las frutas nativas, como las cerezas de Virginia o las ciruelas silvestres, no eran muy dulces. ¿De cuánto dulce frutal disfrutaba? Dependía de la estación. La Organización Mundial de la Salud recomienda en la actualidad consumir al menos 400 gramos de frutas al día. En verano, una mujer espabilada de las tribus locales clatskani o chinook podría haber cumplido con esa recomendación si recolectaba y consumía una taza de moras y dos tazas de arándanos silvestres, disfrutando de un total de 136 calorías y 7 gramos (cucharadita y media) de azúcar. La mayoría de las mujeres modernas no recolectan arándanos, pero pueden probar esos frutos nativos en su variedad de comida rápida acudiendo a la cadena Burgerville y pidiendo un "batido de arándanos del noroeste", que contiene 790 calorías y 105 gramos (22 cucharaditas) de azúcar.

Además, no podemos pasar por alto que la mujer amerindia debían consumir calorías para obtener tan dulce botín. Pongamos que caminaba una hora para recolectar la fruta en varios campos y zonas del bosque. No contaremos caloría alguna en el proceso de recogerlas y procesarlas. Esa actividad nos da un gasto de 280 calorías. Como la fruta le había proporcionado 136 calorías, obtenemos un saldo negativo de 144 calorías. Así pues, podía consumir todo el "postre" que quisiera sin que eso le hiciera ganar peso. Si consideramos que la fruta solo podía obtenerse en verano, resulta obvio por qué la diabetes se ha convertido en una epidemia en la actualidad, incluso entre los niños. Los cuerpos humanos, diseñados para procesar unas pocas cucharaditas de azúcar al día unos cuantos meses al año, no dan abasto con los alimentos actuales, repletos de azúcar.

Si nuestra mujer amerindia viviera en la actualidad, podría subirse al coche y conducir hasta el Burgerville más cercano para conseguir un batido de arándanos del noroeste. Conducir durante 20 minutos más unos pocos minutos de tener que andar quemarían alrededor de 40 calorías. Tras acabar el batido, se marcharía con 750 calorías de más. Si no las quema haciendo ejercicio al llegar a casa, entonces el cuerpo las almacenará, obedientemente, como grasa, como un anillo de protección contra los inviernos de vacas flacas que pudieran llegar, y su páncreas debería producir mucha más insulina para quemar la ingesta matinal de 22 cucharaditas de azúcar de más. Si se bebiese un batido de arándanos del noroeste cada día en lugar de molestarse en ir a recolectar la fruta para satisfacer su deseo de azúcar, ganaría unos 34 kilos al año. Su dentista y su médico podrían prosperar, pero ella no, desde luego.

Antes de la revolución industrial, un cuerpo humano debía trabajar mucho para impedir su propia inanición. El cerebro primitivo recuerda largos intervalos entre partidas de caza exitosas, largos inviernos en los que cada vez quedaba menos comida. Nuestro cerebro primitivo nos pide que nos atiborremos cuando disponemos de comida, antes de que se estropee o tengamos que huir.

Grasa

En esos largos inviernos, una vez que ha desaparecido la fruta dulce del verano, la grasa se convierte en el combustible que hemos de quemar para seguir calientes y vivos. Esta reserva de combustible era de una importancia crítica para las mujeres embarazadas y las madres lactantes, que debían de poder disponer de suficientes calorías en tiempos de escasez para mantener a sus hijos con vida. Puede que te hayas fijado en que sueles tener más hambre cuando sientes frío. Se trata de una antigua señal a través de la cual el cuerpo dice: «¡Ponte una capa de aislamiento y almacena calorías portátiles para el invierno! ¡La comida puede escasear!». Los restaurantes son conscientes del poder de esta antigua señal y mantienen los comedores fríos a propósito para que los clientes pidan y coman más.

Nuestro instinto de almacenar combustible es la razón por la que nos encanta la grasa: la grasa cremosa del flan o las natillas, la grasa crujiente de las patatas chips, la grasa del chocolate que se deshace en la boca. Los restaurantes saben que nos gusta rematar las comidas con postres ricos en grasa: helado, *mousse* de chocolate, pastel de queso, y cualquier cosa con nata batida encima. Ese deseo de acabar la ingesta diaria con más grasa tal vez encuentre su origen biológico en la leche final, la última en una sesión de amamantamiento. Es muy rica en grasas y calorías, quizás una estrategia natural para ayudar a que los lactantes se sientan llenos, satisfechos y somnolientos (¡para darles un descanso a sus madres!). También a nosotros puede ayudarnos a dormir el tomarnos un vaso de leche o Colacao caliente antes de acostarnos.

Sal

La sal atrae asimismo a nuestras papilas gustativas porque es esencial para la supervivencia humana. Todo el mundo ha probado la sal de sus propias lágrimas, sudor y sangre. Cuando hace calor, incluso puedes notar o ver la sal que pierdes con el sudor cuando se encostra en la piel. Bajo condiciones normales, perdemos dos gramos de sal al día; mientras que hacer ejercicio cuando hace calor puede significar la pérdida de 30 gramos, o 6 cucharaditas. Cada año mueren reclutas del ejército y otras personas con actividades que les hacen sudar profusamente. Ello sucede porque beben agua, pero no sustituyen la sal perdida al transpirar. Nuestros órganos más vitales, el corazón y el cerebro, no pueden funcionar a menos que sus células obtengan un suministro adecuado de sal para mantener ciertas concentraciones de sodio, cloruro, potasio y otros elementos. Aunque es vital que el cuerpo mantenga esas concentraciones carecemos de órganos que puedan almacenar sal. Por eso dependemos de un suministro regular externo a fin de mantenernos sanos. Cuando los seres humanos eran sobre todo carnívoros, obtenían la sal necesaria de la sangre y la carne de sus presas. Las plantas, sin embargo, no contienen suficientes sales, y por ello, cuando los seres humanos empezaron a vivir en asentamientos, cultivando y alimentándose de cosechas vegetales, tuvieron que encontrar fuentes de sal complementaria. Al igual que los animales que pacen, los seres humanos tuvieron que encontrar salinas donde aprovisionarse. A diferencia de otros animales, aprendieron a recoger, refinar y vender esa valiosa mercancía.

La sal es un nutriente esencial, un condimento, un desinfectante y una medicina. Ha permitido conservar los alimentos, y eso a su vez ha facultado emprender largos viajes por mar y otros por tierra, como las caravanas que comerciaban con sal. En cierto momento, al igual que el azúcar, la sal valía su precio en oro. Los hombres vendían a sus esposas e hijos a los traficantes de esclavos a cambio de sal. Pasó a convertirse en una materia prima crucial cuando los seres humanos empezaron a desarrollar sus habilidades en varias industrias, como la vidriería, teñir tejidos, el esmaltado de la cerámica y el curtido del cuero. La sal es tan esencial que los gobiernos de todo el mundo han dependido de los impuestos sobre la sal para redondear sus presupuestos y mantener a los ciudadanos bajo control. La indignación a causa de las elevadas tasas sobre la sal impuestas por Inglaterra fue un factor que incitó tanto la Revolución americana como la lucha gandhiana por la independencia de la India.

Azúcar, grasas y sal tienen un potente efecto en nuestros estados mentales. El siguiente ejercicio es uno de los más reveladores que llevamos a cabo en nuestros talleres de comer con atención. En él investigamos el efecto de la comida en el estado de ánimo.

EJERCICIO

La comida y los estados de ánimo

Este ejercicio se encuentra en la pista 5 de la grabación de audio. Ten preparadas unas pequeñas cantidades de azúcar, sal, chocolate negro o amargo y salsa picante (puedes sustituirlas con pequeñas cantidades de otros alimentos dulces, salados o grasos, por ejemplo, media cucharadita de miel, unas patatas fritas saladas y tabasco).

1. Empieza cerrando los ojos. A continuación introduce en tu mente algo desagradable que te sucediera la semana pasada. Piensa bien en este suceso y avívalo a propósito recordando tu ansiedad, rabia o frustración. Piensa en cómo te gustaría vengarte si pudieras.

   Sugerencia: si necesitas ayuda a la hora de generar un recuerdo reciente que te resulte angustioso en tres ocasiones diferentes (según va avanzando el ejercicio), estos son algunos otros posibles temas que puedes tener en cuenta:

   - Recuerda algo molesto que escuchases en las noticias de la mañana en la radio o que leyeses en el periódico.
   - Recuerda una ocasión en que alguien te ninguneó, timó o traicionó.
   - Recuerda a una persona que realmente te fastidie. Imagina pasar unos días de fiesta con ella. Puede ser un compañero del trabajo, un familiar, un político o una estrella del cine o la televisión.

- Recuerda una ocasión en que sintieses dolor sin poder hallar alivio.

A continuación, en una escala de 1 (tranquilo) a 10 (furioso), ¿cuál sería tu nivel de angustia?

Luego, deposita un poco de azúcar o miel sobre la lengua. Saboréala.

Ahora, regresa al recuerdo molesto. ¿Cómo evaluarías tu nivel de angustia?

A continuación, come un poco más de azúcar con mucha atención.

Regresa otra vez al recuerdo. ¿Qué puntuación le darías ahora?

2. Repite este ejercicio utilizando sal o un alimento salado pero simple, como unas patatas fritas sin sabores añadidos.
3. Repite este ejercicio utilizando una pequeña cantidad de algo graso, como una pastilla o unas virutas de chocolate negro.
4. Repite este ejercicio utilizando una pequeña cantidad de comida picante, como salsa picante.

Recuerda que las "respuestas correctas" no existen. Se trata de experimentos.

Este ejercicio demuestra por qué ansiamos determinados alimentos. Pueden tener un efecto muy importante en nuestros estados de ánimo. Queremos azúcar, sal y grasas no solo porque fueron alimentos esenciales y a menudo escasos para nuestros ancestros, sino porque son muy potentes a la hora de cambiar los estados de ánimo. Tal vez sean potentes precisamente porque escasearon en el pasado histórico, y encontrarlos y consumirlos siempre ha aliviado una ansiedad primitiva relacionada con la supervivencia.

Ten en cuenta que no hay nada malo en utilizar los alimentos de manera diestra para cambiar un estado de ánimo difícil, siempre que lo hagamos con total consciencia y de manera que no perjudique al cuerpo.

4. Seis sencillas directrices para comer atentos

Mindfulness es una habilidad que puede aprenderse. Es la capacidad de ser consciente –sutil, minuciosa y ampliamente consciente– que ya existe en nosotros. Esta capacidad suele permanecer dormida, siendo tan solo accesible en momentos de claridad que pudiéramos denominar "momentos culminantes". Pero podemos aprender a cultivar mindfulness, tanto al comer como en cualquier aspecto de la vida. Podemos hacer que mindfulness se desarrolle, pasando de breves momentos intermitentes de atención a un campo de consciencia sostenida y clara de fácil acceso. En este capítulo exploraremos seis principios que nos ayudarán a cultivar mindfulness mientras comemos.

1. Ir más despacio

En los Estados Unidos comemos muy deprisa. Muchas personas me han contado que su actitud hacia la comida es la de «dar cuenta de ella lo antes posible». El hábito norteamericano de comer deprisa no es nada nuevo. Los extranjeros que visitaban las primeras tabernas norteamericanas dejaron constancia de su asombro ante la rapidez con la que se consumían las comidas. La técnica se apodó "la triple G", por "engullir, tragar y marcharse" (en inglés, *gobble, gulp and go*). Un historiador de Tennessee apuntó que un europeo que visitaba las colonias se quedó pasmado ante «la prisa, el apremio y la actitud hambrienta que demostraba el cliente habitual de las tabernas, donde todo el mundo se atiborraba a una velocidad asombrosa». Otro visitante «se sorprendió de que en apenas 20 minutos hubiera presenciado dos servicios de comedor en su hotel».[1] Nuestra tendencia a comer y salir corriendo no ha disminuido con el paso de los siglos. Los estudios demuestran que los norteamericanos solo invierten 11 minutos en almorzar en un restaurante de comida rápida, y 18 minutos en la cafetería de su lugar de trabajo.[2]

En Norteamérica, a menudo comemos de pie, o mientras caminamos o conducimos, llenándonos de comida mientras vamos de camino a hacer otra cosa. Es como si quisiéramos liquidar pronto lo de comer. Hemos inventado comidas con ese fin, como el go-gurt, un yogur cuyo recipiente puedes estrujar con una mano para que salga el contenido, como si se tratase de un tubo de leche condensada, mientras con la otra conduces. Incluso podemos comprar un babero gigante que llevaremos mientras conducimos, de manera que la ropa de trabajo no se manche con las migas que caen cuando masticamos y viramos bruscamente.

En muchos países de Asia y Europa, lo anterior se considera una manera chocante de comer, cercana a la barbarie. Un amigo europeo nos habla de las comidas en Francia, donde estudiar el menú y pensar cuidadosamente nuestra elección puede llegar a ocupar media hora. Hay que preguntarle al camarero las características de cada plato. El cocinero sentiría su amor propio herido si comiésemos distraídos a la vez que hablamos por el móvil. Una comida es una ceremonia, un momento para disfrutar no solo de los alimentos, sino del momento y la compañía. Conceder la atención adecuada a la comida y la bebida es recompensar de alguna manera el esfuerzo de las personas que te sirven. Les recompensas más con tu aprecio que con el dinero.

En Japón, comer mientras se camina se considera de muy mala educación. Solo se ha convertido en una costumbre aceptable en los últimos años, y en el caso de un único tipo de comida: los cucuruchos de helado, y porque se deshacen. El resto de comidas y bebidas deben consumirse sentado y concediéndoles la máxima atención. Hay tiendas que venden "comida rápida", como croquetas de patata, bollos rellenos y cocidos al vapor, o *furaido chikin* (pollo frito), pero la comida siempre se lleva a casa y se prepara en un plato, con una adecuada guarnición, consumiéndose con la atención que merece.

Las ventajas de comer más despacio

Comer deprisa tiene muchas desventajas. Parte de nuestra satisfacción al comer procede de masticar. Por eso nos gustan los alimentos crujientes o que requieren masticación, y por eso no convertimos todas las comidas en purés que podríamos ingerir con una paja. Nuestra boca disfruta con las distintas texturas. Siente que ha comido algo cuando participa activamente, no solo tragando. Quienes tienen las mandíbulas inmovilizadas a consecuencia de una fractura solo pueden ingerir líquidos. Por mucho que beban, acaban perdiendo peso. Se cansan de los batidos y los combinados con yogur tres veces al día y se sienten fenomenal cuando recuperan la movilidad y pueden volver a masticar. A la boca también le encantan los sabores diferentes. Cuando masticamos bien, van apareciendo sabores secundarios. Una desventaja del comer deprisa es que apenas saboreamos los alimentos y solo tenemos una vaga experiencia de lo que comemos, y lo más probable es que queramos más.

Una enfermera me contó la historia de una mujer que se había sometido a cirugía de reducción del estómago. Tras la operación, un dietista le explicó la necesidad de masticar bien la comida porque un estómago más pequeño reacciona con dolor a los pedazos de comida grandes. Tras intentar lo de masticar la comida bien, la mujer dijo: «¡Si me hubieran enseñado esto antes, no hubiera necesitado la operación!».

Masticar la comida bien no solo proporciona más ejercicio y satisfacción a la boca al experimentar texturas y sabores cambiantes, sino que nos ayuda a obtener más nutrientes de lo que comemos. En la saliva hay enzimas que descomponen los alimentos, permitiendo que la boca empiece a absorber nutrientes incluso antes de tragar la comida, pero esta actividad enzimática solo se producirá si masticamos bien la comida y dejamos que permanezca en la boca más allá de unos pocos segundos. Cuando el plan es "engullir, tragar y marcharse", estamos yendo en contra de la sabiduría nutricional del cuerpo. Si masticamos bien y la comida se descompone en partículas más pequeñas, podemos absorberla con más rapidez y facilidad. Es algo que debemos hacer por nuestro sistema digestivo. El cuerpo puede así obtener más nutrición a partir de menos comida.

A principios del siglo XX, un marchante de arte de San Francisco llamado Horace Fletcher perdió 20 kilos y mejoró su salud al masticar bien su comida. No tardó en iniciar un movimiento, persuadiendo a miles de estadounidenses para que comiesen de ese nuevo modo, masticando cada bocado al menos 32 veces. Aconsejaba comer solo cuando se tuviese hambre, únicamente los alimentos que se anhelaban, dejar de comer cuando ya no se tenía hambre, y masticar cada bocado de comida hasta que no pudiera extraérsele más sabor.[3]

"Fletcherizar", o masticar cada bocado entre 30-100 veces, se convirtió rápidamente en una moda, sobre todo tras la publicación de un estudio que demostraba que quienes habían "fletcherizado" resolvían mejor los problemas de ajedrez que quienes no lo hicieron. Hubo muchas entusiastas conversiones a la "fletcherización", como las de los escritores Henry James y Upton Sinclair, el filántropo John D. Rockefeller y el doctor John Harvey Kellogg, el coinventor de los cereales para desayunar y padre del movimiento estadounidense a favor de la salud, que enseñó "fletcherización" en su clínica de Battle Creek, Michigan.

Cuando introdujimos la práctica de masticar bien, a los participantes en el taller les solía parecer una experiencia novedosa. Una mujer exclamó: «¡Me he dado cuenta de que apenas masticaba! Durante toda mi vida no he hecho más que meterme comida en la boca y tragarla, casi sin modificaciones». El número de masticaciones necesarias para procesar tu comida dependerá de si estás comiendo sopa (ninguna) o frutos secos (muchas). Experimenta por ti mismo.

Comer despacio significa más satisfacción

Además de saber cuándo siente hambre el estómago, también debemos saber cuándo está satisfecho. Necesitamos un "apestato", un termostato que calibre el apetito, que registre cuánta comida hemos consumido y que apague el calor de nuestro deseo de comida cuando tengamos suficiente. Un apestato normal responde a cuatro fuentes de información sobre saciedad. La primera señal es la sensación física de plenitud. Este mensaje viaja desde el estómago distendido a través del nervio vago y hasta el centro de saciedad en el hipotálamo, sito en el cerebro. La segunda señal procede de los nutrientes que se absorben en la corriente sanguínea, como glucosa, grasas y aminoácidos procedentes de la descomposición de las proteínas. La tercera señal llega de las hormonas que son liberadas por el intestino delgado y el páncreas cuando se absorben alimentos. Entre ellas está la colecistoquinina, la insulina y el glucagón. El cuarto origen de las señales son las propias células grasas. Liberan leptina y otras sustancias químicas que ayudan a "apagar" el hambre (estudios recientes indican que las sustancias químicas producidas por la sobreabundancia de células grasas podrían resultar perjudiciales para otros órganos, incluido el hígado).

Si masticamos más y nuestra comida se descompone en partículas más pequeñas, la absorción de nutrientes puede empezar antes en la boca y el estómago. Cuando hay comida en el estómago y entra en el intestino delgado, las hormonas apestáticas envían señales al cerebro y al cuerpo: «Ya tenemos suficiente. Estamos satisfechas. Es hora de parar. Vete pensando en dejar de comer pronto». Son necesarios 20 minutos para que se complete este importante bucle de retroinformación.

Así pues, en el comer despacio hay una inteligencia implícita. En primer lugar, si comemos despacio, los nutrientes se absorben antes, ya en la boca. En segundo, las señales químicas de satisfacción ocurren antes. Si comemos lentamente, damos tiempo a que la comida llegue al intestino delgado y desencadene la señal «Vale, estoy lleno», antes de que comamos demasiado. Si comemos demasiado aprisa, habremos metido demasiada comida antes de que tenga tiempo de llegar la señal de saciado. Entonces no dejamos de comer hasta que nos encontramos físicamente incómodos, algo que sucede después de haber consumido más calorías de las que necesita el cuerpo.

En un estudio realizado por científicos nutricionistas en la Universidad de Rhode Island, se ofreció a mujeres universitarias un enorme plato de pasta con salsa. Cuando se les indicó que debían comerla lo más rápidamente posible, ingirieron 646 calorías en nueve minutos. Cuando se les pidió que comiesen despacio y que dejasen reposar los cubiertos entre los bocados, comieron 579 calorías en 29 minutos. Sin embargo, el grupo que comió más despacio se consideró menos hambriento y más satisfecho tras la comida, y también dijo haber disfrutado más de la comida que el grupo que se empapuzó.[4]

Nuestros cuerpos están diseñados para comer despacio. Nuestros antepasados carecían de procesadores de comida, ablandadores de carne o eficientes sistemas de cocción. Debían masticar carne o grasa, comer cereales y bellotas parcialmente molidas y mordisquear tubérculos y verduras semicrudos. Si vivían lo bastante, se les caían los dientes. Las madres preparaban la comida de sus bebés masticándola ellas primero y, luego, escupiéndola en las bocas de sus niños. Ha sido en una época reciente de nuestra evolución cuando los seres humano hemos aprendido a concentrar un montón de calorías para el sustento, de una manera fácil de encontrar, preparar y comer con rapidez.

Una mujer me contó que había perdido 14 kilos al cabo de un año de asistir a un taller de comer atentos. ¿Cómo lo logró? Empezó a contestarse a la pregunta de «¿Por qué como?», y la respuesta con la que dio fue: «Para sentirme en paz». Así pues, decidió comer tan solo hasta sentirse en paz interiormente. Nada de dietas ni obligaciones, solo comer más despacio, de manera que pudiera estar atenta a las sensaciones internas de hambre y captar cuándo se transformaban en sensaciones de paz. Entonces paraba.

Por desgracia, formamos a nuestros hijos justo en lo contrario, en comer rápida e inconscientemente. Les compramos comida rápida para que la consuman en el coche mientras aceleramos por la autopista entre las clases de danza de la tarde y un partido de fútbol nocturno, con la oreja enganchada al iPod o a la radio. Me ha asombrado descubrir que muchos estudiantes en la veintena o treintena se criaron en familias en las que sentarse a la mesa juntos para disfrutar de la comida ocurría de ciento a viento, sobre todo en las fiestas. Ahora, lo normal es que a los niños les den el dinero para que se compren ellos mismos la comida, incluyendo la cena, en chiringuitos de comida rápida. Incluso en casa, cada uno come lo suyo a su manera, distrayéndose con su forma de entretenimiento particular: viendo la televisión, con videojuegos, charlando por el móvil, enviando correos electrónicos, comprando por Internet o escuchando su propio iPod.

En la escuela primaria local, la hora de la comida y el descanso posterior tienen asignados únicamente 30 minutos. La mayoría de los críos come en menos de 10 minutos, de manera que luego puedan disponer de tiempo para jugar. No es inusual. Los investigadores que observaron el comportamiento de los estudiantes en los comedores escolares de cuatro estados descubrieron que los chavales dedican de entre 7,3 minutos (en Nueva York) a 9,5 minutos (en Texas) en dar cuenta de sus almuerzos. Les llevó entre 3 y 8 minutos ser servidos y limpiar. ¿Qué hacían con los minutos "extra"? En algunos casos, esos entre 5 y 10 minutos representaban su único momento para descansar o hacer ejercicio. Algunos estudiantes conversaron con otros compañeros durante unos minutos. En las pocas escuelas que dan más tiempo para el almuerzo y obligan a que los estudiantes permanezcan en el comedor, estos dedicaban 25 minutos a relacionarse, pero no aumentaban el tiempo de descanso ni de disfrute de la comida. El estudio llega a la conclusión de que «un director de comedor escolar se siente cómodo afirmando que los estudiantes necesitan aproximadamente 10 minutos para consumir su almuerzo».[5]

En 2006, el *Boston Globe* ofreció estadísticas de la Asociación de Nutrición Escolar que demostraban que el período medio para comer ha descendido en las escuelas primarias en seis minutos a lo largo de los dos últimos años. Un niño dijo: «A veces, el profesor te hace salir tarde y entonces solo tienes cinco minutos».[6] El *Philadelphia Inquirer* informó de que las escuelas locales servían el "almuerzo" entre 8:20-14:15. «Puede que haya estudiantes que no tengan hambre a primera hora, mientras que otros se caigan de hambre por la tarde.» También descubrieron que cuando se programaba el almuerzo demasiado pronto, los estudiantes tendían a considerarlo un tentempié y compraban comida basura.[7] Mi nieto me explicó que el comedor de su escuela secundaria de Michigan estaba tan atestado que no era raro que cuando por fin le tocaba recoger su comida tras hacer la cola, sonase la campana y tuviera que tirar gran parte de su almuerzo para ir volando a la clase.

Si queremos enseñar a los niños a comer conscientemente, parece que tendrá que ser en casa. Muchos de los ejercicios de comer atentos que aparecen en este libro pueden presentarse a los niños como juegos que impliquen a todo el mundo que se siente a la mesa a comer. ¡Es uno de esos momentos en que es estupendo "jugar con la comida"!

Cuanta más hambre tengamos, nosotros o nuestros hijos, más importante será comer despacio y con atención. Cuando sentimos que nos "caemos de hambre" tendemos a llenarnos con rapidez, comiendo demasiado antes de que transcurran los 20 minutos hasta que la señal de saciedad nos diga que paremos. También necesitamos ser más conscientes al comer alimentos reconfortantes o comidas favoritas. Puede que creas que al comer los platos favoritos lo hacemos más despacio a fin de saborearlos, pero hay estudios que demuestran que ocurre justo lo contrario. Cuanto más nos gusta la comida, más rápidamente la masticamos y tragamos.[8]

Hay muchas maneras de comer y beber más despacio. Experimenta por ti mismo con las siguientes técnicas durante una semana.

Cómo comer y beber más despacio

Insiste en hacer pausas

Estos son algunos métodos para ayudarte a comer más despacio creando pausas:

1. Haz una pausa antes de empezar a comer. Observa cada tipo de alimento, comiendo con la vista. Fíjate en los colores, texturas, formas y disposición en el plato o cuenco.

2. Destina un momento a dar las gracias. Agradéceselo a los animales, plantas y personas que hicieron que esos alimentos estén ahora frente a ti. Sé consciente de sus dones mientras comes.
3. Empieza a comer haciendo una pausa para inhalar la fragancia de los alimentos. Imagina que el aroma te alimenta.
4. Come igual que un catador de vinos cata un caldo. Primero huele la comida, disfrutando del buqué. Luego toma un bocadito; dale vueltas en la boca, saboreándolo. ¿Qué ingredientes detectas? Mastica lentamente y traga. Toma un sorbo de agua para limpiar el paladar. Cuando la boca esté limpia de comida y sabores, repite el proceso.
5. Si observas que estás comiendo sin saborear, detente y haz una pausa para volver a mirar la comida.

"Fletcherizar"

El nombre antiguo que se les daba a las batidoras era "Fletcherizer", por Horace Fletcher, el hombre que dio charlas a principios del siglo xx acerca de cómo había perdido peso y obtenido más salud al masticar la comida bien. Recomendaba masticar 32 veces cada bocado.

Intenta masticar cada bocado de comida al menos entre 15-30 veces antes de tragar.

Observa cualquier reacción que pudiera producirse en la textura de los alimentos según masticas y no pases por alto tu propia reacción ante el tiempo que hace falta para comer de esta manera.

Tal vez quieras practicarlo solo durante una parte de una

comida cada día, pero al ir acostumbrándote, irás viendo cómo masticas todas las comidas más a conciencia.

Cuanta más hambre tenemos, más importante es comer conscientemente. Cuando sientes que te "mueres de hambre" y que "podrías comerte un caballo" come más despacio a propósito, masticando bien antes de ingerir. Cada vez que tragues puedes decirte en silencio: «Querido cuerpo, ahora te envío un regalo, algo muy bueno».

Observa cómo esa sensación de hambre desesperada va cambiando según comes. ¿Cuándo desaparece?

Beber despacio

Cuando ingerimos líquidos apenas los saboreamos. Por ello hemos de beber más, intentando obtener más sensaciones. Hay dos maneras de beber más despacio. La primera es disfrutar de lo que bebemos manteniendo el líquido en la boca durante unos segundos antes de ingerirlo. Dale unas cuantas vueltas por la boca y disfruta del sabor antes de tragarlo. Imagina que estás en un anuncio de televisión, mostrando a la audiencia cómo disfrutas de esa bebida.

El segundo método es descansar la copa o el vaso en la mesa mientras saboreas y tragas. Vuelve a dar otro trago solo cuando tengas la boca vacía y el sabor vaya desapareciendo.

Suelta el tenedor o la cuchara

Es una de las maneras más seguras y sencillas de comer despacio. Cada vez que te lleves un bocado de comida a la boca, deja el tenedor o la cuchara sobre el plato o en el cuenco. No los vuelvas a utilizar hasta que lo que tienes en la boca haya sido masticado y saboreado por completo. Y tragado. Para apreciar realmente el bocado puedes cerrar los ojos mientras masticas y tragas.

Una vez que ese bocado haya sido totalmente saboreado y haya desaparecido, puedes volver a recoger los cubiertos, dar otro bocado y dejarlos de nuevo. Observa los interesantes impulsos que surgen en la mente mediante esta práctica. En la pista 6 de la grabación de audio aparece un ejercicio basado en este método de comer despacio.

Come con la mano no dominante

Con este método comes utilizando la mano no dominante. Así que, si normalmente utilizas la mano derecha para sostener el tenedor y llevarte la comida a la boca, cambiarás y lo harás con la mano izquierda durante una semana. Observa lo que sucede. Puede resultar muy gracioso.

Yo empecé con esta práctica como un ejercicio de mindfulness, pero lo hago cada día para reforzar mi mano izquierda en caso de padecer un derrame cerebral. En mi familia se han dado varios casos, así que imaginé que no estaría mal como ejercicio para el lado derecho del cerebro.

Comer con palillos orientales

Esta práctica sirve para hacernos comer despacio y poner más atención en cada bocado. Funciona mucho mejor si no estamos acostumbrados a usarlos. Puede ser una de las razones por las que históricamente la obesidad no ha sido un problema en Asia: utilizar palillos y atragantarse devorando un cuenco de arroz es bastante improbable.

Quienes son diestros utilizando palillos, o aquellos que quieran una tarea doble de mindfulness, pueden intentar comer utilizando los palillos con la mano no dominante. También se puede intentar dejar los palillos entre bocados.

2. La cantidad adecuada

La siguiente orientación para comer atentos está relacionada con la cantidad que comemos. El concepto de "cantidad adecuada" procede de la enseñanza budista del Óctuple Sendero hacia la iluminación. Cada parte del sendero aparece descrita con el adjetivo "adecuada": opiniones adecuadas, mindfulness adecuado, esfuerzo adecuado y demás. En las enseñanzas budistas, "adecuado" quiere decir apropiado, beneficioso, que lleva a la felicidad y la libertad. ¿Qué quiere decir, pues, lo de "cantidad adecuada"?

La primera vez que escuché hablar de cantidad adecuada fue de boca de mi maestro Zen, Maezumi Roshi. Dice que cuando consideramos lo que resultaba ético hacer en cualquier situación, deberíamos tener en cuenta varios factores: momento adecuado, lugar adecuado, gente adecuada y cantidad adecuada. Yo no entendí el último factor, cantidad adecuada, muy bien hasta que empecé a practicar el comer atentos. Me di cuenta de que comer atentos es una acción ética. Es una acción ética hacia nuestro sí-mismo, hacia todos los seres que nos aportan los alimentos y hacia todos aquellos que pasan hambre en el resto del mundo. Un país que consume más comida de lo que le corresponde es un país compuesto por gente que ignora el sufrimiento que provoca cuando no se es conscientes de la "cantidad adecuada". La National Catholic Rural Life Conference es una organización dedicada a los asuntos que preocupan a los habitantes de zonas rurales que cargan con la responsabilidad «de cuidar la creación de Dios». Se concentran en alimentar la red de la vida como una responsabilidad espiritual, afirmando que «comer es un acto moral».[9]

En el monasterio, nuestras comidas son un aspecto esencial de la práctica espiritual. Comemos al menos una comida al día siguiendo el antiguo ceremonial Zen llamado *oryoki*. Excepto por el recitado de *sutras*, comemos en silencio, utilizando un juego especial de cuencos. Los cuencos tienen un tamaño escalonado, de manera que encajan unos dentro de otros. El cuenco más grande no lo es mucho. Cabe el equivalente a una taza y media. *Oryoki* significa "lo suficiente". El modesto tamaño de los cuencos para comer nos ayuda a consumir lo suficiente como para estar sanos, lo suficiente para sentirnos satisfechos, lo suficiente para poder meditar sin adormecernos, lo suficiente para que no nos influya la voracidad.

"Lo suficiente" no es una cantidad fija. Cambia según las circunstancias. Para tener claro qué significa "lo suficiente" hemos de ser conscientes. Cuando practicamos el *oryoki*, no podemos tomar demasiado ya que debemos acabar todo lo que contienen los cuencos en el tiempo asignado a la comida. Hemos de ser conscientes de las condiciones cambiantes, de lo hambrientos que estamos, de cuánto ejercicio hemos practicado y del frío que haga. El monasterio es frío en invierno y necesitamos calorías suplementarias para mantener el cuerpo caliente. Un joven que esté todavía creciendo y que haya trabajado toda la mañana cavando agujeros para clavar las estacas de una cerca necesita raciones el doble de grandes que alguien de mediana edad como yo. Todos nos servimos teniendo en cuenta la cantidad de comida que ofrecen los cuencos de servicio, el número de personas que se servirán y la comida que necesitarán.

El muy querido monje budista Ajahn Chah dio estas pautas sobre la cantidad adecuada:

> «Cuando creas que después de otros cinco bocados estarás lleno, detente y bebe un poco de agua, y habrás bebido la cantidad adecuada. Si luego te sientas o caminas, no te sentirás pesado [...] Pero eso no es lo que solemos hacer. Cuando nos sentimos llenas tomamos otros cinco bocados. Eso es lo que la mente nos dice. No sabe cómo enseñarse a sí misma [...] Alguien que carezca de un deseo genuino de formar su mente será incapaz de hacerlo. Sigue observando tu mente».[10]

Como mencionamos antes, en realidad, acabarte todo lo que tienes en el plato puede ser malo para la salud. Los tamaños de las porciones "normales" han aumentado enormemente en tan solo una generación. Este aumento ha sucedido en todos los lugares en los que hay comida, en las raciones que se venden en los colmados, que se sirven en restaurantes, que se calculan en los recetarios y que nos dan en casa. Las galletas comerciales han aumentado siete veces el tamaño normal, y las magdalenas, ¡tres veces![11] Nuestros platos y tazones son más grandes, tanto en casa como en los restaurantes. En los anticuarios, los clientes suelen confundir antiguas bandejas para servir con los platos individuales. Cuando usamos platos, tazones y utensilios de servicio más grandes, nos estamos sirviendo porciones más grandes y comemos más. Muchos estudios demuestran que podemos consumir más comida si utilizamos contenedores más grandes. Por ejemplo, si a la gente se le da una bolsa de medio kilo de M&Ms para ir picando mientras ven un vídeo, se comerá el doble que otros con una pequeña, de media libra.[12] No importa si tenemos seis años y vamos al colegio, o si somos licenciados trabajando en un laboratorio de nutrición: si nos ofrecen porciones grandes, nos vemos obligados a comer más.[13]

Los turistas asiáticos y europeos nos cuentan que se quedan pasmados antes las raciones enormes que sirven en los restaurantes norteamericanos. En lugar de comer demasiada comida, o de desperdiciarla, comparten entre dos un plato. Los tamaños de las raciones en las cadenas de comida rápida europeas son más pequeños que las que ofrecen las mismas cadenas en Estados Unidos. Las raciones de todo tipo de comidas en los restaurantes de Francia también son más pequeñas, excepto en las ensaladas.[14]

Los estudios demuestran que, hasta los cinco años, los niños cuentan con un "apestato" que funciona de maravilla. Aunque les pongan raciones extragrandes de macarrones y queso, solo comerán hasta que dejen de sentir hambre, y pararán. Después de los cinco años, los niños empiezan a dejarse convencer por la cantidad que tienen en el plato para decidir lo que comen.[15] Pierden la consciencia del apestato. En términos científicos, y resumido por los Centers for Disease Control (Centros de Control de Enfermedades): «Los indicios de saciedad psicológica son fácilmente superados por las grandes raciones de comida, el acceso fácil a esta y el atractivo sensorial de los alimentos».[16] En pocas palabras, cuando entramos en párvulos, la codicia del hambre visual, olfativa y bucal empieza a llevarse por delante la sabiduría del hambre estomacal y celular.

Muchos adultos han ignorado las señales de su apestato durante tanto tiempo que no saben cuándo dejar de comer. Confían en señales sociales y visuales y, por lo general, solo dejan de comer cuando otras personas sentadas a la mesa han dejado de hacerlo y la comida ha desaparecido. O bien se basan en las dolorosas señales procedentes de un estómago sobrecargado.

Dos años después de una serie de clases sobre comer atentos, le pregunté a un hombre que había asistido a ellas si le habían parecido útiles. Dijo que aprendió a cortar la comida en pedacitos y a comerlos lentamente. Su experiencia transformadora en la clase consistió en descubrir que una rodaja de manzana comida atentamente puede ser tan satisfactoria como una manzana entera. (Los cultivadores de manzanas estadounidenses hacen todo lo que pueden para ocultar este hecho. Han pagado anuncios en la televisión japonesa para enseñar a los consumidores potenciales –que solían comerse las manzanas cortadas en rodajas y dispuestas con cuidado en un plato– cómo agarrar "adecuadamente" una manzana, darle un bocado y masticarla ruidosamente.)

Los maestros Zen recomiendan comer hasta que te sientas lleno en dos terceras partes. Los habitantes de Okinawa, los más longevos del planeta, denominan a esta práctica *hara no hachi bu*, que significa "ocho partes del estómago lleno". Significa que nunca hay que comer hasta llenarse, que hay que dejar parte del estómago vacío. Un proverbio japonés dice que ocho partes de un estómago lleno mantienen a una persona; las otras dos mantienen al médico.[17]

Si seguimos el consejo de los maestros espirituales, mantendremos mindfulness acerca del hambre estomacal y celular mientras comemos, dejando de hacerlo cuando estemos llenos en un 80%, o al menos a cuatro o cinco bocados de estar llenos. Entonces beberemos un poco de agua.

EJERCICIO

Consumir la cantidad adecuada

Este ejercicio puede encontrarse en la grabación de audio, en la pista 7.

Antes de comer, detente para observar la comida que consumirás y calcular cuánto necesitarás para llenar el estómago en dos terceras partes. Al tomar una porción pequeña y comer con atención, reflexiona: «Estoy comiendo esta porción para la buena salud de mi cuerpo y mente».

Tómate al menos 20 minutos para comer. Cuando te sientas dos terceras partes lleno, bebe un poco de líquido.

A continuación, evalúa las siete hambres, sobre todo la estomacal, celular y mental. ¿Están satisfechas o no? ¿Por qué crees que una parte quiere comer más (en el caso de que sea así)?

Si repites, reflexiona: «Estoy tomando una segunda ración para beneficiar...». Fíjate si la mente llena el espacio en blanco y con qué.

---

3. La ecuación energética

Otra manera de cultivar el comer atentos es ser conscientes de lo que denomino la ecuación energética. La comida es energía. En realidad es luz del sol, que se convierte en plantas y luego en animales. Cuando comemos, estamos ingiriendo la energía de la luz del sol. Cuando vivimos nuestras vidas, estamos soltando y consumiendo esa energía.

Si nuestro peso permanece constante, es una señal clara de que la energía que fluye hacia nuestro cuerpo es igual a la que sale de él. Estamos en equilibrio energético. Si perdemos peso, quiere decir que la energía saliente es mayor. Si ganamos peso, quiere decir que la entrante es mayor.

¿Cómo nos llega la energía? Comiendo y bebiendo. Por mucho que queramos creer que absorbemos calorías misteriosamente de la atmósfera durante el sueño de la noche o con solo mirar la comida, no es verdad. Somos nosotros los que introducimos la energía por nuestras propias bocas abiertas.

¿Cómo sale la energía? Sale en todas las actividades de un cuerpo humano. Entre estas está mantener el cuerpo caliente, moverse, mantener operativas las factorías metabólicas en todas las células y lo que se denomina "pérdida insensible". La pérdida insensible incluye la energía que se pierde cuando espiramos aire caliente, al excretar orina caliente, cuando tiritamos y cuando tenemos fiebre.

ENTRADA DE ENERGÍA	SALIDA DE ENERGÍA
comida	mantenerse caliente
bebidas	moverse

Si queremos perder peso, solo hay dos maneras de conseguirlo. Hemos de disminuir la entrada de energía en el cuerpo o aumentar su gasto.

Por el contrario, si queremos ganar peso, solo hay dos maneras de conseguirlo. Hemos de aumentar la entrada de energía en el cuerpo o disminuir su salida.

Esta ecuación energética puede parecer obvia, pero incluso las personas cultas pueden no ser conscientes de ella. Esta ecuación explica las fluctuaciones normales de nuestro apetito y peso. Por ejemplo, la mayoría de las personas notan que tienen más hambre en otoño, cuando refresca. El cuerpo quema más calorías a fin de mantener una temperatura corporal interna constante. El cuerpo pide más combustible y también pide que creemos una capa de aislamiento que nos proteja del frío.

Si se come poco y se hace mucho ejercicio, como suele ocurrir con la anorexia, el equilibrio energético se inclina demasiado de un lado y se pierden cantidades alarmantes de peso con mucha rapidez.

Si estamos gravemente enfermos, también perdemos peso debido al aumento de la salida de energía y a menudo, y a la vez, de una disminución de su entrada. Digamos que tienes gastroenteritis. Sientes náuseas y solo pensar en comer hace que te dé vueltas el estómago. Dejas de comer durante un día. Más tarde, y aunque empiezas a sentirte mejor, no puedes ingerir nada más que un poco de sopa caliente. Tal vez tengas algo de fiebre, lo cual consume calorías, o padezcas vómitos o diarrea, que expulsan calorías del cuerpo. Las personas no suelen sentir vómitos ni tener diarrea con facilidad, pero pueden expulsar importantes cantidades de energía del cuerpo. Cuando se deshacen deliberadamente de las calorías suplementarias consumidas al provocarse el vómito varias veces al día o ingiriendo grandes dosis de laxantes, están poniendo en peligro su vida.

La ecuación energética también nos dice por qué solemos ganar peso al hacernos mayores. De jóvenes éramos muy activos. Caminábamos más deprisa, nos sentábamos y dormíamos menos y la temperatura corporal era más elevada, así que requeríamos más calorías. Al ir haciéndonos mayores nos movemos más despacio, pero mentalmente seguimos creyendo que necesitamos la misma cantidad de comida, es decir, la cantidad que consumíamos de adolescentes o siendo veinteañeros. Una ecuación antaño equilibrada empieza a inclinarse hacia una ingesta de demasiadas calorías, por ello empezamos lenta pero sostenidamente a perder nuestras cinturas juveniles.

Cambios recientes en la ecuación energética

La ecuación energética explica por qué tantas personas en los países desarrollados tiene sobrepeso o son obesas. Se ha producido un marcado aumento en la energía entrante en los cuerpos humanos y un importante descenso en su salida.

ENTRA MÁS ENERGÍA	SALE MENOS ENERGÍA
Calorías más concentradas	Menos esfuerzo para obtener alimentos
Comida barata rica en calorías	Aparatos que ahorran esfuerzo (y, por tanto, calorías)
Porciones más grandes	Estilos de vida más sedentarios
Más formas de comer inconscientemente (por ejemplo, comer en el coche y mientras se utiliza el ordenador o se ve la televisión)	Entretenimientos sin ejercicio (por ejemplo, conducir coches en lugar de caminar; videojuegos; mirar la televisión)
Picoteo	Sin gimnasia ni recreo en los colegios
Consumo de tentempiés de máquinas expendedoras	

Cuando la mayoría de las personas debían cazar o cultivar la comida, invertían en la operación casi tantas calorías como las que obtenían. Imagina todo el trabajo que debe costar abrir un claro en el bosque para obtener una parcela y cultivarla, talar los árboles, arrancar los arbustos, desenterrar las piedras y levantar cercas. Luego arar y plantar, cavar y desbrozar, regar, más desbrozo, cosechar, cocinar y conservar. Algunos cultivos, como las lechugas y tomates, proporcionan pocas calorías al labrador, que consume más en ocuparse de ellas. Un esfuerzo no recompensado en términos calóricos.

Desplazarse también requería consumo de calorías. La gente iba andado a los pueblos para comprar cosas que no podía cultivar, como harina o azúcar. Si tenían suerte poseían carros, pero no era algo muy corriente. Eso también requería construir establos, domar y alimentar a los caballos, y construir y reparar caminos. La vida urbana también obligaba a esfuerzos. Los viejos edificios de pisos carecían de ascensores en caso de contar con menos de cinco alturas. ¡Imagínate las quejas hoy en día!

Las células adiposas, de grasa, tienen una misión: almacenar combustible suplementario. Si la comemos, la almacenan. Si la necesitamos, la liberan. El cuerpo no tiene otro modo de deshacerse del combustible (calorías) aparte de quemarlo. Y solo lo quemará si nos encontramos en un equilibrio energético negativo, es decir, si no ingerimos todas las calorías que necesitamos para la jornada.

Una vez que ganamos peso resulta difícil perderlo. Las células adiposas actúan como un órgano endrocino. Podríamos decir que intentan mantenerse vivas y llenas de grasa al secretar diversas sustancias químicas y hormonas. Si intentamos perder peso con demasiada rapidez, se pone en marcha el sistema de alarma contra la inanición. Si queremos evitar que este sistema se ponga en marcha, debemos perder peso poco a poco, entre medio y un kilo al mes. Eso implica tomar entre 100-250 calorías menos al día, o quemar entre 100-250 calorías diarias haciendo ejercicio.

Los cambios pequeños obtienen mejores resultados. Al entrar en la mediana edad, para mí eso significa:

- Caminar por el centro comercial en lugar de volver al coche e ir a otro conduciendo.
- Aparcar a varias manzanas de distancia de mi destino.
- Elegir las escaleras siempre que pueda.
- No comprar dulces ni refrescos.
- Esconder en un cajón los dulces que mi marido me compra en su oficina.
- Tener a mano sustitutos del helado, por ejemplo fruta congelada.
- Comprar una bolsa pequeña de patatas y comérmelas una a una.
- Tomar primeras raciones de tamaño moderado y pensar en por qué estoy repitiendo: ¿por hambre o por costumbre?
- Primero acabar de comer, esperar un poco, y luego consultar con el estómago y el cuerpo para decidir si tomo postre y qué cantidad.

EJERCICIO

Trabajar con la ecuación energética

Observa la lista anterior de pequeños cambios y prueba con ella al menos durante un mes. O bien crea un pequeño cambio propio en la ecuación energética e inténtalo durante un mes. Consigue el apoyo de la familia y los amigos para que te recuerden tu proyecto, o bien se unan a ti en el empeño.

Al final del mes, cuéntale a alguien lo que aprendiste durante ese tiempo. Podría ser un compañero de comer atentos, gente que participe en un grupo de comer atentos o un amigo.

4. Sustitución consciente

La mayoría de las personas es consciente de que en su mente anidan muchas voces. Una voz infantil puede decir: «¡Quiero algo dulce! ¡Me he esforzado durante todo el día y me merezco una recompensa! Y sé que hay un cartón de helado en el congelador». Una voz paternal dice: «Solo son las cuatro de la tarde. Nada de postres hasta que cenes bien». Una voz indignada exclama: «¡Un momento, un momento! ¿No es verdad que te sobran cinco kilos? ¡Más te vale que no pienses en postres por lo menos en un año!».

¿Cómo podemos trabajar hábilmente con esas voces conflictivas y poner paz en la mesa? Reprimirlas no servirá de nada:

pasarán a la clandestinidad, donde pueden cometer travesuras. Tampoco es conveniente abandonarse a ellas, pues así se harán más fuertes.

En primer lugar, debemos ser conscientes de las voces. Cada una de ellas contiene una parte de verdad. Puede ser al mismo tiempo cierto que te has esforzado mucho, que disfrutarías de una recompensa dulce *y* que ese chute repentino de azúcar no te haría ningún bien, aparte de que ganarías peso. ¿Cómo hacer honor a esas verdades? Encontrando una recompensa sustitutoria.

Cuando le ofrecemos a la voz hambrienta unas rodajas de melocotón con un poco de miel, en lugar de un helado bañado en sirope, estamos utilizando una práctica esencial del comer atentos, la sustitución consciente. Cuando somos conscientes de que en nuestras mentes habitan muchas voces –algunas necesitadas, inquietas y asustadas–, debemos honrar y ocuparnos de esas energías y voces, pero no de manera neurótica ni egocéntrica, sino de un modo considerado y deliberado, igual que un buen padre escucha y se ocupa de su hijo pequeño. Eso no implica tener que abandonar una crispada reunión en el trabajo a fin de malcriar al "niño interior" con un pastel de queso en una bañera repleta de espuma. Lo que significa es escuchar la existencia de esa voz interior preocupada, o sentir los primeros retortijones de tensión en el cuerpo y pedir un pequeño receso para así poder ingerir una bebida caliente o un caramelo soluble.

Hay estudiantes que me han explicado muchos de los trucos de sustitución que se han inventado. Sustituyen el chicle por los caramelos, un caramelo duro de chocolate en lugar de una trufa de chocolate; el lento ritual de preparar un té caliente en lugar de un refresco azucarado. Un estudiante comía rodajas de mango congelado o fresas en lugar de helado. Otro cortaba en trocitos una tostada de canela y se los comía muy despacio en lugar de devorar un pastel. Otra dijo que cuando se daba cuenta de que ansiaba pasteles, se ofrecía a sí misma un tentempié de algo agrio, descubriendo que aminoraba su deseo de dulces. Para ello utiliza una ración pequeña de chucrut que tiene preparado en un frasco que guarda en la nevera. Si eso no es lo tuyo, entonces puedes echar mano de unos encurtidos, aceitunas o *kimchi* (col fermentada). Ayuda el hecho de que los sabores sean intensos. Si utilizas sustitutos y luego comes atento, obtendrás el doble de beneficios.

La cuestión es ocuparnos de nosotros mismos, de la manera que lo haría un padre inteligente. No hay que caer en el extremo de reñirnos ni contradecirnos, ni tampoco debemos perder de vista lo que es saludable. Debemos hallar un rumbo que resulte apto aunque sea algo inestable a lo largo del camino intermedio.

EJERCICIO

Sustitución consciente

Cuando vayas a la tienda busca y adquiere un capricho que te apetezca, pero que sea saludable para utilizar como sustituto, al estilo de los mencionados anteriormente. Cuando te parezca que lo necesitas, tómate el tiempo que te haga falta para prepararlo y sírvetelo en un plato bonito.

Antes de empezar a comer, evalúa las siete hambres. Evalúa el nivel de satisfacción que existe en el cuerpo y el corazón. Da cuenta del capricho lentamente, sin distraerte. Vuelve a evaluar de nuevo las siete hambres y el nivel de satisfacción que existe en el cuerpo y el corazón. Si formas parte de un grupo de comer atentos, comparte las sustituciones que te han funcionado.

---

5. Ojos que no ven, mente que no siente

Yo estoy sujeta a lo que denomino "arrebatos de alimentos favoritos". Anhelo y como algo, por ejemplo regaliz, durante varias semanas, y luego pierdo totalmente las ganas de volver a probarlo. El chocolate solía encantarme, pero hace algunos años que me produce alergia. Cada vez que como chocolate acabo con dolorosas llagas en la boca. He tratado de todas las maneras posibles de solucionarlo, absteniéndome durante un mes, durante seis meses... No ha servido de nada. Ni siquiera soporto una pizca de chocolate. Tengo carencia de mi alimento reconfortante favorito.

¡Un día descubrí que el caramelo Reese's Pieces no llevaba chocolate! Estaba tan contenta que mi cariñoso marido me compró un paquetón gigante y lo metió en un cajón de mi escritorio. Primero comía alguno de vez en cuando, luego unos pocos puñados, hasta que gané casi tres kilos. Marqué distancias para observar cómo funcionaba en mi mente el antojo de esos caramelos. Descubrí que cuando me sentaba teniendo el paquete a mi alcance, no tardaba en imaginarme un caramelo entrando en mi mente. Si lo apartaba, regresaba, una y otra vez, hasta que finalmente me daba por vencida y tomaba algunos. Cuanto más lejos estaba de mi despacho, menos aparecía esa imagen en mi mente y menos vívida y apremiante resultaba.

Así que cambié la bolsa a un archivador del despacho de mi marido, a varios pasillos y puertas de distancia. Me sentía un tanto reacia a entrar en su oficina y meter la mano en el paquete estando él presente. Comí menos caramelos y, con menos refuerzo, las vívidas imágenes de los caramelos aparecen en mi mente con menor frecuencia. El antojo de esas pequeñas delicias de mantequilla de cacahuete fue perdiendo fuerza gradualmente, hasta acabar desapareciendo. Ahora los miro con indiferencia. Ya no me tienen enganchada.

Este tipo de solución viene refrendada por investigaciones sobre la comida. Las secretarias a las que se suministraba caramelos de chocolate gratis en un plato de cristal, se comían casi todos si los chocolates que veían desde su escritorio, menos si los caramelos estaban ocultos en un cajón y todavía menos si debían dar seis pasos para llegar hasta ellos. Las personas comen mucho más si se les sirve unas raciones enormes. Ahora bien, si una persona ha de levantarse de la mesa y volver a la cocina para repetir, tiende a no molestarse.[18]

El investigador Brian Wansink lo cuenta de esta manera: un hombre llega a la oficina el viernes, hambriento porque ha tenido que ir corriendo a trabajar sin poder desayunar. De camino hacia su cubículo ve una bandeja de dónuts que sobraron en una reunión del día anterior. Toca uno y ve que está duro y rancio. Llega al cubículo, donde la visión de los dónuts no deja de aparecer en su mente. Dice «¡no!» al impulso de levantarse y tomar uno. Dice «¡no!» diez veces. Finalmente, se levanta y se dirige a la sala del personal, hacia los dónuts. Una vez allí se encuentra con un compañero de trabajo que no ha visto los dónuts al llegar a la oficina y que lleva trabajando toda la mañana sin sentirse distraído por esas visiones e impulsos. ¿Quién comerá más dónuts? Como apunta Wansink, el que ha estado luchando con la visión y los impulsos toda la mañana es el que más comerá. Y es así porque la existencia de los dónuts penetró en su consciencia, porque aceptó la posibilidad de comérselos y dijo «no» en diez ocasiones. Lo más probable es que al final diga «sí».[19]

En una ocasión tuve una sorprendente experiencia que confirmó esa observación. A mí nunca me habían gustado los dónuts. Hay algo en su sabor que me resulta peculiar. A mi primer marido le encantaban, así que de vez en cuando le sorprendía un domingo por la mañana yendo a comprar una caja de dónuts recién hechos. Le gustaban y a los niños también, pero a mí... Intenté probar de varias clases y, finalmente, acabé dejando incluso de intentar que me gustasen.

Avancemos 30 años de golpe. Acababa de finalizar un taller y estaba relajándome mientras una amiga me acompañaba a casa en coche. Nos detuvimos en una esquina donde había gente que vendía algo con el fin de recaudar dinero para su iglesia. Siempre amable con la gente que recaba fondos, mi amiga sacó un billete de cinco dólares por la ventanilla del coche. La mano volvió al interior, sosteniendo ahora una caja blanca. La caja en cuestión resultó estar llena de dónuts. «No, gracias –dije–. No me gustan los dónuts.» «Pero es que estos son Krispy Kremes», me aseguró ella. Yo ya había leído acerca de la pasión nacional por los Krispy Kremes. Me sentía cansada y hambrienta. Lo suficientemente hambrienta como para llegar incluso a comerme un dónut, así que le di un mordisco para probar. ¡Vaya! Le di un bocado más grande. ¡Cremoso y dulce! ¡Ahora comprendía toda esa pasión! Me comí uno entero, luego un segundo y hasta un tercero. ¡Estaban buenísimos!

A lo largo de los siguientes días me di cuenta de que durante la meditación aparecía una nueva ventana en la pantalla de mi mente: estaba llena de... ¡un tentador y seductor dónut kryspy kreme! Cuando pensé: «¡Pero si ni siquiera me gustan los dónuts!», la ventana del Krispy Kreme se hizo incluso más grande. «¡Pero a ti te gustan los Krispy Kremes!», decía. Observé más esperando ver qué era lo que provocó la aparición de la ventana. Descubrí que se abría cuando me sentía ansiosa, cansada o hambrienta.

Como nunca me habían gustado los dónuts y como la meditación diaria crea cierta amplitud mental, disponía de algo de objetividad. Incluso me divertía el parpadeo de esa ventanita que se abría en mi mente. Por fortuna vivo en un monasterio rural, a una hora y media de la tienda de Krispy Kreme más cercana, así que no reforcé la súbita aparición del deseo: no salí corriendo a conseguir uno. Me limité a observar la aparición y desaparición de la ventana. Tuvieron que pasar tres semanas para que la ventana se cerrase y no volviese a abrirse. Me ayudó el hecho de enterarme del rumor (falso) de que los Krispy Kremes obtienen su textura cremosa gracias a la glicerina. Si surgía el antojo de un dónut, podía contrarrestarlo imaginando un dónut siendo inyectado con parafina.

Un abogado me contó que no podía controlarse al comer pasteles. Lo había intentado con muchos planes para racionarse los tentempiés dulces y los postres, pero no le había funcionado ninguno. Finalmente decidió no comer nada de dulces. Y eso sí que funcionó. Parecía cómodo con ese método, rechazando alegremente galletas o pasteles, sin ni siquiera pensárselo. Al cabo de un año consideró que estaba siendo demasiado rígido, y ahora acepta un poco de pastel en las fiestas de cumpleaños.

La práctica de ojos que no ven, mente que no siente, funciona porque cualquier cosa que no reforzamos acaba perdiendo su fuerza. Es un principio de condicionamiento. Si no pensamos, hablamos o iniciamos acción alguna sobre algo, la fuerza de esa cosa acabará desapareciendo. Eso implica sustitución activa, no resistencia forzada, porque aquello a lo que nos resistimos puede tornarse perversamente persistente. Por ejemplo, cuando mi mente empezó a juguetear con Krispy Kremes, lo sustituí por una actividad mental más beneficiosa e interesante, como seguir la respiración al meditar, una inspección corporal o la práctica de benevolencia (esos ejercicios aparecerán en el capítulo 5). Cuando no pensaba ni hablaba con otras personas sobre los dónuts, no salía corriendo a comprarlos, y al no olerlos ni comerlos, al final perdieron su poder sobre mí.

Ayunar y comer atentos

La estrategia final para intentar acabar con el desequilibrio en la comida es el ayuno. La gente suele preguntarme acerca de la relación entre ayunar y comer atentos. Carezco de recomendaciones al respecto, aparte de mostrarme prudente y flexible si alguien decide ayunar, y utilizar las herramientas de mindfulness y la investigación de los estados de ánimo a fin de descubrir lo que el ayunar pudiera enseñarle.

Ayunar conduce a algunas observaciones muy interesantes relativas al hambre y su satisfacción. La primera de ellas es que cuando empezamos un ayuno, nuestro estado de ánimo tiene un potente efecto sobre la cantidad de hambre que sentiremos. Un auxiliar de un hospital me contó que los que habían "ayunado" de líquidos durante un día antes de realizar una colonoscopia solían quejarse de lo "hambrientos" que estaban al iniciar la prueba. Por otra parte, quienes inician un ayuno para apoyar una causa política o religiosa no se ven perturbados por las sensaciones abdominales.

La segunda observación es que los síntomas de hambre recurrentes a intervalos predecibles no son un mandato del cuerpo acerca de cuán a menudo quiere comer. De hecho, es al contrario. Somos nosotros quienes indicamos al cuerpo cuándo sentir hambre. Muchos de nosotros entrenamos el cuerpo para que espere comida cada seis horas, al desayunar, almorzar y cenar. Si vivimos en Sudamérica y cenamos a las 21:00, nuestros estómagos no empezarán a gruñir de hambre a las 18:30, sino que esperarán hasta las 21:00. Si somos monjes budistas tailandeses, nuestro estómago no dirá nada hasta alrededor de las 11:30, el momento de la única comida diaria.

Ayuno mediático

El cuerpo se alimenta de comida material, pero la mente lo hace de información, pensamientos, opiniones e ideas. A veces, la mente se llena de información, y ello provoca un estado de ánimo malsano. Por ejemplo, informaciones contradictorias sobre alimentos o dietas pueden provocar ansiedad acerca de qué comer o no. Tal vez, la mente haya recibido demasiada información sobre el sufrimiento en el mundo, lo cual nos hará sufrir también a nosotros.

Nuestra mente y nuestro corazón humanos están diseñados para lidiar con el sufrimiento de unas 50 personas, que es el tamaño de la mayoría de los grupos humanos durante la mayor parte de los miles de años de nuestra evolución. Cuando los actuales medios de información nos llenan los corazones y las mentes con imágenes gráficas y descripciones del sufrimiento de cientos de miles de personas en el mundo, lo más probable es que nos veamos superados y reaccionemos con sensaciones de ansiedad y desesperación. Cuando nos sentimos ansiosos, deprimidos o estresados es muy probable que comamos de manera desequilibrada.[20] El estrés también puede cambiar la manera en que el cuerpo procesa y almacena la comida, y también puede aumentar los niveles de colesterol en la corriente sanguínea.[21]

Podría ser útil emprender un ayuno mediático, sin leer periódicos o revistas, sin escuchar la radio, y dejar de mirar las noticias en TV o en la computadora durante un mes. Todo el que lo ha probado asegura que sus familias están encantadas con el resultado. Cuando decidas volver a escuchar las noticias, informándote de nuevo acerca de las mil maneras en que la gente sufre un día cualquiera, has de regular la dosis. Tal vez solo quieras leer el periódico una vez a la semana, los domingos, por ejemplo. No te preocupes, que si sucede algo lo bastante importante, aparecerá alguien que te lo contará. ¿Importa realmente si te enteras una o dos horas después que los demás?

EJERCICIOS

Ayunos atentos

Prueba a ayunar durante un único día o una semana como máximo, tomando únicamente zumos (si estás muy delgado o padeces diabetes, primero consulta con tu médico). Investiga el hambre corporal. ¿Cuándo aparece? ¿De qué sensaciones está compuesta? Investiga lo que diga la mente sobre la comida y no comer.

Intenta un ayuno informativo al menos de una semana o como máximo de un mes. No veas las noticias en la televisión, ni las escuches en la radio, ni leas periódicos, revistas de información general ni tampoco en línea. Utiliza ese tiempo para meditar, en empeños creativos o en relajarte. Investiga cómo reacciona la mente ante este ayuno. ¿Qué es lo que teme?

---

6. Benevolencia y crítica interior

Cuando nuestra relación con la comida y el comer está desequilibrada, es fácil verse superados por las emociones negativas. Podemos sentir aversión al ver nuestro cuerpo en el espejo, celos de otras personas que pueden comer "lo que quieran", o rabia hacia nosotros mismos por nuestra incapacidad para poner fin a la lucha contra la comida y el comer. ¿Cómo podemos contrarrestar esas sensaciones desgraciadas?

Cuando la mente está repleta de voces de pensamientos y emociones contradictorios, es difícil hacer algo de una manera deliberada y directa. Es como tratar de conducir un autobús con todos los pasajeros intentando ocupar el asiento del conductor y discutiendo acerca de dónde ir. ¿Cómo podemos mantener cierta distancia respecto de esas voces y conducir el autobús de nuestra vida por la carretera que elegimos?

El primer paso es iniciar una práctica regular de meditación. La meditación nos ayuda a calmar y serenar la mente, a crear cierto espacio alrededor de las voces interiores. Podemos empezar clasificándolas, escuchando lo que las voces, una a una, intentan decirnos (las instrucciones básicas de la meditación sentada aparecen al final de este capítulo y en la pista 8 de la grabación de audio).

Cuando llevamos a cabo esta escucha interior podemos descubrir un trío de voces que pueden llegar a apoderarse de nuestras vidas y hacernos sentir muy desdichados. Les encanta encargarse de nuestra manera de comer. Las llamamos voces interiores porque es posible oír cómo te hablan desde "dentro". Puedes escucharlas discutir entre sí acerca de cómo deberías comer. Puedes bautizarlas a partir de sus funciones esenciales: la voz del perfeccionista interior, la del incitador interior, y la del crítico interior.[22]

El perfeccionista interior

La tarea del perfeccionista interior es buscar ejemplos de perfección, para así decirte hacia qué deberías aspirar. Si aspiras a ser más compasivo, el perfeccionista interior te señalará a la Madre Teresa o al Dalái Lama como modelos. Si tu objetivo es ser más inteligente, entonces dirigirá tu atención a Albert Einstein o Stephen Hawking.

El perfeccionista interior que se ocupa del cuerpo busca en revistas, películas y observa a la gente por la calle y te dice: «Fíjate en esa mujer tan delgada pero con unas tetas increíbles [o ese musculitos que pasa]. Eso es perfección, eso es lo que tú quieres para ti». No importa si la foto de la chica de la revista está recortada a la altura de la cintura y sus defectos borrados. No importa si ese tipo usa esteroides y se pasa seis horas al día centrado en sí mismo en el gimnasio. La voz perfeccionista solo busca ejemplos de perfección. No le importa cómo ni a costa de qué se obtiene dicha perfección.

El incitador interior

El trabajo del incitador interior es decirte lo que has de hacer para alcanzar la perfección y, luego, empujarte a hacerlo. Al incitador le chifla confeccionar largas listas de cosas por hacer. El incitador interior te acosará, adulará, impulsará y empujará, sacándote de la cama por las mañanas y poniendo en práctica su programa para la jornada. Te recuerda constantemente que no te olvides de lo que está en tu lista o listas de cosas por hacer. Incluso podría empujarte a confeccionar una lista de tus listas. Nunca está satisfecho, así que si tachas dos cosas de la lista por la noche, añadirá cuatro más por la mañana. El incitador interior es consciente del dechado de belleza o virtud elegido por el perfeccionista interior y no dejará de recordarte lo que has de hacer para llegar a encarnarlo.

Si lo que deseas es ser inteligente, podría decirte que lo que has de hacer es obtener una licenciatura, o al menos que asistas a todas las conferencias importantes que se pronuncian en la universidad local y que te mantengas al tanto leyendo publicaciones académicas mientras estás sentado en el retrete (que será tu único "tiempo libre" si el que está al mando es el incitador).

Claro está, deberás leer todos los "Libros Importantes", algunos en el idioma ruso o francés originales. Si quieres llegar a ser más compasivo, el incitador te urgirá a que te impliques en tareas de voluntariado en una residencia de enfermos terminales o en un comedor de beneficencia, o que dones tus posesiones y vivas entre los pobres. Si lo que deseas es comer "bien" y contar con un cuerpo sano, el incitador interior, tal vez cree un duro régimen de ejercicios y dieta para ti. Cuando leas revistas, el incitador interior estará siempre al tanto de los últimos descubrimientos y regímenes que añadir a la lista.

El crítico interior

El último de este potente trío es el crítico interior, cuya tarea es criticar. Eso es todo lo que hace. Todo lo que aparece en su campo de visión es susceptible de ser criticado. Nunca está satisfecho, porque, como ser humano que eres, siempre serás imperfecto, incapaz de dar la talla pretendida por el perfeccionista. Nunca serás tan compasivo como la Madre Teresa, ni tan inteligente como Einstein, ni tendrás un cuerpo como la modelo de la revista. ¿Por qué? Porque el crítico interior no te está comparando con una persona real, con la actriz de cine real, que en realidad tiene un aspecto muy normalito sin maquillaje, cirugía plástica, una buena iluminación y los retoques fotográficos. Te está comparando con alguien irreal, con una fantasía coproducida por los medios de información conchabados con tu propia mente.

El crítico interior tiene muchas cosas que decir sobre la alimentación. Recuerda que su tarea es criticar, y que cuantas más críticas ponga sobre la mesa, mejor se siente acerca de su productividad laboral. Una señal de que el crítico interior está manos a la obra en tu mente es cuando oyes las palabras "debería" y "no debería". Son las palabras favoritas del crítico. Por ejemplo:

«Deberías comer menos».
«No deberías agobiarte tanto con la comida».
«Deberías beber 12 vasos de agua al día».
«No deberías beber tanto, hace que aumentes de peso».
«Deberías comer más proteína animal».
«No deberías comer carne; de hecho, deberías hacerte vegetariano».

Tal vez te hayas fijado, a partir de los ejemplos anteriores y al escuchar el propio comentario negativo de tu mente, que el crítico interior ofrece consejos contradictorios. La coherencia no es una de las funciones laborales del crítico interior. Recuerda que su única labor es criticar. Criticará A y no A de la misma manera. Te criticará por ser un inconsciente comiendo, y cuando intentes comer con atención, te criticará por tomarte tan seria y obsesivamente lo de comer. El crítico interior es plano, unidimensional. Su única perspectiva es: «¿Y ahora qué puedo criticar?».

Pero en realidad, el crítico interior no ataca el "ahora". Su objetivo es el minuto o los segundos anteriores. El crítico interior depende de la comparación, y cuando estamos totalmente atentos en el momento presente, cuando en nuestra consciencia no hay ni pasado ni presente, entonces no hay nada que comparar. Solo hay lo que hay, tal como está. El crítico interior desaparece entonces.

Eso es parte del poder de mindfulness. Recupera nuestra vida, arrebatándosela a la tiranía del crítico interior. Nos conduce a experimentar lo que está auténticamente presente, en nuestra boca, en nuestro cuerpo, aquí y ahora, sin comparaciones ni críticas. Cuando sucede eso, es como si nos hubiéramos sacudido un peso enorme de encima.

Cuando este trío formado por el perfeccionista, el incitador y el crítico interior se apodera de cualquier área de tu vida, te conviene saber que cuentan con el poder de destruirla. Pueden socavar tu autoconfianza y la que puedas tener en otros. Pueden conseguir que dejes de hacer algo que te encanta. Te succionarán la vitalidad de tu vida.

Pasemos ahora a ver cómo pueden operar en la esfera del comer. Si tu objetivo es comer de manera más saludable, el perfeccionista se dedicará a leer artículos y mirar la televisión con objeto de encontrar la dieta ideal. Hablará con personas que sigan dietas y escuchará a los expertos hablar sobre estas. Finalmente elegirá una: la dieta Atkins, la vegetariana, la macrobiótica, la de comer todo crudo, la de South Beach...

A continuación, el incitador pasará a la acción para poner en práctica la dieta. Confeccionará listas de combinaciones de alimentos que puedes y no debes consumir y las veces que puedes y no puedes comer. Hará listas de la compra, de alimentos que tienes prohibidos y que has de sacar de casa, de libros que has de leer, de seminarios a los que has de asistir, y de programas de ayuda o listas de correo electrónico a las que deberías apuntarte.

En cuanto empieces a seguir la dieta, entrará en acción el crítico interior. Incluso puede empezar a darte la tabarra antes de iniciar la dieta: «Has fracasado en todos tus otros penosos intentos de comer sano. ¿Qué te hace creer que esta vez lo conseguirás? ¿Para qué empezar cuando sabemos que volverá a ser un fracaso?».

Si dejas de lado su bombardeo y empiezas la dieta nueva, el crítico interior se fijará en lo lejos que estás de la perfección, señalándotelo, pero no de buenas maneras, sino con unas palabras y un tono elegidos para darte en los morros:

> «Pedazo de idiota, estás comiendo pomelos y uvas a la vez. ¿Cómo puedes haberte olvidado de que esa combinación está prohibida en la nueva dieta?».

> «Mary Ann mantiene perfectamente su dieta y ahí están los resultados para confirmarlo. ¿Te has fijado en su resplandor interior? En cambio, tú estás fracasando miserablemente, y todo el mundo se da cuenta».

> «Todos te vieron comiéndote esas patatas fritas anoche y se están riendo a tus espaldas».

Con voces interiores así, ¿quién necesita enemigos externos? Con voces interiores así, es un milagro que la gente pueda llevar a cabo alguna mejora en sus vidas.

En realidad –y a veces también resulta increíble–, esas voces interiores intentan ayudarnos. Sin el perfeccionista interior, nunca nos hubieran inspirado los logros de otra persona o no habríamos adoptado modelos. Sin el incitador interior, estaríamos tumbados a la bartola todo el día. Sin el crítico interior, nunca nos hubiéramos dado cuenta de que no dábamos la talla y que debíamos mejorar. Esas voces también conllevan información muy útil, pero cuando adquieren demasiado poder y se convierten en neuróticas, su potencial de destrucción supera al de ayudarnos.

¿Y si, cuando practicamos comer atentos, escuchamos la voz del crítico interior? Escucharla es estupendo. Escucharla forma parte de la atención y la atención es la clave para despertar. El problema radica en creer lo que dice.

Un aspecto esencial de mindfulness es calar a todas esas voces, no dejarse atrapar ni engañar por ellas. Están impulsadas por el miedo, y este distorsiona la claridad. No nos están contando la verdad. Cuando empiezas a practicar mindfulness, te das cuenta de que en la mente existe un parloteo casi constante. Es algo que le sucede a todo el mundo. Esta cháchara irrefrenable la experimentan incluso los meditadores experimentados, pero han aprendido a aplacarla con rapidez. La mente produce pensamientos constantemente. Esa es su función. Pero eso no implica que debamos creernos a nuestras mentes siempre.

Por fortuna, son varias las maneras de trabajar con esas voces interiores cuando se meten con nuestras comidas.

EJERCICIO

Práctica básica de meditación

En la pista 8 de la grabación de audio aparece una instrucción guiada sobre la práctica de la meditación sentada.

Siéntate en una silla o en un cojín en el suelo. Siéntate de manera que te sientas relajado pero derecho, permitiendo el espacio libre en el pecho y el abdomen para respirar (si no puedes sentarte erguido, puedes meditar tendido en el suelo).

Concentra la atención en la respiración. Encuentra el lugar o lugares en el cuerpo donde eres más consciente de las sensaciones de respirar. No intentes alterar la respiración; tu cuerpo sabe muy bien cómo respirar. Limítate a dirigir la atención hacia la respiración.

Descansa la atención en las sensaciones cambiantes de la respiración durante toda la duración de la inspiración y la espiración. Si lo deseas, puedes ser consciente de la respiración imaginando el espíritu de Dios entrando y saliendo de ti.

Cada vez que tu mente se distraiga y se aleje de la consciencia de la respiración (lo cual sucederá probablemente a menudo), tráela de vuelta con delicadeza. Se trata de la experiencia de estar relajado pero totalmente presente, como si nos hubiéramos despertado un día de vacaciones, con nada especial que hacer excepto dedicarnos al sencillo placer de permanecer sentados y respirando.

Una vez que hayas meditado en la respiración durante unos minutos, intenta algunos de los ejercicios de meditación que aparecen en el libro, como el de la meditación de gratitud por el cuerpo.

Prolonga la sesión durante 20-30 minutos, que es un tiempo adecuado para una sesión. También está bien alargarla más. Lo más conveniente es meditar cada día, convertirlo en parte de tu higiene personal, como darte una ducha (para la mente). Si tienes un día muy ocupado, tal vez debas recortar la duración. Cinco o diez minutos cada día es mejor que dos horas una vez al mes. He descubierto que cada minuto de meditación adquiere una dimensión doble o triple en términos de claridad, ecuanimidad y eficiencia durante un día muy ocupado.

EJERCICIO

Consciencia del crítico interior

Escucha la voz del crítico interior haciendo comentarios sobre la comida, los hábitos alimentarios, el peso y la apariencia. Escucha en el interior de tu propia mente, pero también lo que dicen los demás. Sé consciente de ese tipo de comentarios de crítica interior en la radio y la televisión.

Si trabajas con un grupo, pide a los demás que te avisen cuando te sorprendan hablando de ti mismo a través de ese crítico interior. Por ejemplo, diciendo: «Soy un inútil con esos ejercicios».

EJERCICIO
Reconocer al crítico interior y soltarlo

Aprendí este método escuchando a Mary, la recepcionista de nuestro programa de maltrato infantil. Un día sostenía el teléfono apartado del oído y todos pudimos escuchar una voz soltando todo tipo de insultos por el aparato. Mary esperó una pausa y dijo, amablemente: «Cuando habla usted de esa manera, me resulta difícil entenderle. Si no puedo entenderle, tampoco puedo ayudarle».

Esa es una buena manera de hablarle a tu crítico interior. Cuando oyes una voz interior diciendo algo negativo sobre tu manera de comer o tu cuerpo, di calladamente algo parecido a: «Ya sé que te preocupo mucho, pero el lenguaje que utilizas no me ayuda. De hecho, me resulta muy difícil trabajar en esa cuestión que tanto te preocupa. Lo que necesito es amabilidad, no críticas. Gracias por compartir tus pensamientos y adiós».

Regresar a la consciencia de lo que sucede en el momento presente. Ser consciente de las inspiraciones y espiraciones. Ser consciente de los sonidos. Ser consciente de los muchos y diminutos contactos que experimenta tu piel.

Recuerda que si estás en el momento presente, el crítico interior no puede hablar. El crítico interior depende del pasado y el futuro para poder comparar.

EJERCICIO

El modelo del ordenador

Incluye al crítico interior en el campo de la consciencia cuando comas, pero no le dejes que se convierta en protagonista. Permite que esa posición la ocupen todas las sensaciones del comer: colores, olores, sabores, texturas, y comidas. En una esquina inferior de esta enorme pantalla de consciencia, parecida a una pantalla de ordenador, tenemos un pequeño icono llamado "crítico interior". Se trata de un icono muy raro, porque puede abrirse a sí mismo y llenar toda la pantalla de la consciencia mental.

Cuando te percates de que el crítico interior se ha hecho con el control de la mente-pantalla, vuelve a minimizarlo al tamaño que le corresponde y devuélvelo a su sitio.

EJERCICIO

Benevolencia: un antídoto espiritual

El crítico interior está compuesto de energía repelente, de cólera. La cólera, y su prima más benigna, la irritación, se denominan emociones aflictivas porque nos afligen, nos hacen sufrir a nosotros y a quienes nos rodean. Condimentan nuestro pensamiento con cierta amargura y tiñen nuestro mundo de espesura y oscuridad. El Buda prescribió prácticas concretas para distintas emociones aflictivas. Para la aflicción de la cólera o aversión prescribió la práctica de la benevolencia. Este ejercicio aparece en la pista 9 de la grabación de audio.

La práctica de la benevolencia (llamada **metta** o **maitri** en la tradición budista) puede dirigirse hacia el cuerpo en su totalidad o hacia zonas particulares.

Siéntate en meditación durante unos minutos, permitiendo que la respiración se normalice.

Al espirar, di en silencio la frase: «Que mi cuerpo esté libre de miedo y ansiedad».

(Si eres una persona visual, puedes imaginarte a ti mismo libre del miedo y la ansiedad.)

Repite en silencio esa frase con cada espiración hasta que sientas que estás listo para cambiar.

Cambia la frase a: «Que mi cuerpo esté cómodo».

(De nuevo, puedes imaginarte tranquilo.)

Repítelo con cada espiración hasta que sientas que estás listo para cambiar.

Cambia la frase a: «Que mi cuerpo esté feliz».

(Si lo deseas, puedes imaginar que así sucede. Ayuda el componer una leve sonrisa interior.)

Repítelo con cada espiración hasta que sientas que estás listo para parar.

Puedes adecuar estas frases a tu situación particular.

Por ejemplo, si te sientes muy ansioso respecto de la comida, puedes cambiarla a: «Que me libere del miedo y la ansiedad sobre la comida».

EJERCICIO

Ampliar el alcance de la benevolencia

Cuando nos sentimos ansiosos, nuestro campo de consciencia se reduce y se mete en una cajita, la cajita de "yo y mis problemas". Una vez que nos damos cuenta de que estamos metidos en una cajita con el "mí" ocupando el centro, ayuda mucho practicar la benevolencia hacia los demás.

Sin embargo, es muy importante empezar con benevolencia hacia nosotros mismos. En la sociedad occidental, la gente se siente a menudo reacia a, u "olvida", practicar la benevolencia en primer lugar con ellos mismos. Parecen creer que se trata de una forma de egoísmo. En realidad es lo contrario. Hasta que no nos llenemos primero, renovando el estanque de la benevolencia en nosotros, no dispondremos de gran cosa que ofrecer.

Repito que es importante empezar con un período de benevolencia hacia nosotros mismos. Al cabo de un intervalo, que puede ser tan breve como tres minutos o tan largo como varios días, te sentirás preparado para dirigir hacia fuera la práctica de **metta**.

Puedes ampliar el alcance de la benevolencia por categorías, respirando y diciendo las frases benevolentes dirigidas a distintos grupos. Por ejemplo:

«Que todo el mundo que lo esté pasando mal con los temas alimentarios y del comer se libere del miedo y la ansiedad».

«Que todas las personas con bulimia se liberen del miedo y la ansiedad».

Puedes ampliar el alcance de la benevolencia geográficamente: «Que todas las personas de esta ciudad con problemas relacionados con la comida se liberen del miedo y la ansiedad. Que puedan estar tranquilas. Que sean felices».

Mientras pronuncias esas frases puedes visualizar qué sucede y comprobar que la persona o el grupo esté relajado, cómodo y feliz.

Preguntas frecuentes

Cuando la gente empieza a realizar ejercicios de comer con atención y a convertir estas seis pautas en parte de su vida cotidiana, es normal que surjan preguntas. Estas son algunas de las más frecuentes, junto con mis respuestas y sugerencias.

Me gusta la idea de comer atento y estoy convencido de que me ayudaría mucho con mis problemas alimentarios. Pero cuando me siento para intentarlo, me doy cuenta de que no puedo. Así que acabo echando mano de una distracción, como una revista, la radio o la televisión.

No es fácil cambiar nuestros viejos hábitos. Empieza dando pasitos pequeños, como estar presente con las sensaciones en la boca los tres primeros tragos de una bebida o con los tres primeros bocados de comida. Luego, intenta estar presente durante los últimos tragos o bocados. Los pequeños intervalos de comer atento irán haciéndose cada vez más grandes, dando paso a una consciencia consistente. Las meditaciones guiadas que aparecen en la grabación de audio pueden ser de gran ayuda al principio.

Cuando intento realizar el ejercicio de comer atentamente un bocado pequeño, disfrutando de su aspecto, olor y sabor en mi boca, resulta que mi mente no tarda en distraerse. Lo cierto es que no puedo permanecer con la experiencia durante mucho rato.

Al igual que sucede con todas las capacidades nuevas, el comer atento requiere práctica. Una vez que hayas utilizado las meditaciones guiadas de la grabación de audio en varias ocasiones, desarrollarás tu propia "voz", un guía interior que te recordará amablemente que has de regresar a la atención total al comer. La mente se distrae y regresa, se distrae y regresa. Es normal. Intenta dejar la cuchara o el tenedor entre bocados. Cada vez que los vuelvas a recoger, entra en un estado de atención total: observa, huele, llévate la comida a la boca, ábrela, mastica, prueba, traga.

El comer atento me resulta mucho más fácil cuando como solo. ¿Cómo puedo hacer lo mismo cuando como con otras personas?

Eso le sucede a todo el mundo. Al principio es mucho más fácil practicar comer atentos cuando no existen distracciones.

Cuando estés con otras personas, ponles al corriente de que intentas relajarte y estar presente mientras comes. Pídeles que te ayuden con unos pocos minutos de silencio al principio de la comida para que realmente puedas apreciar los alimentos. Evalúa las siete hambres y saborea los primeros bocados. Vuelve a repetir la operación cuando llegue un nuevo plato o el postre. Puedes hacer feliz a un cocinero cuando disfrutas verdaderamente de la comida que ha preparado.

A continuación, enfréntate a un nuevo reto: ser consciente de dos cosas a la vez, es decir, escuchar la conversación y permanecer atento a lo que tienes en la boca. Descubrirás que es casi imposible hablar y estar totalmente atento a lo que se come, así que acabarás escuchando más que hablando, "escuchando" a tus compañeros interiores –la boca, el estómago y el cuerpo–, y también escuchando con más cuidado a tu compañía externa.

Ahora que exploro el comer atento, me gustaría transmitírselo a mis hijos. ¿Cuál sería la mejor manera de convertir el comer atentos en parte de la vida familiar?

He aquí algunas directrices:

- Comer juntos, a ser posible una vez al día, o al menos una vez por semana.
- Bendecir la mesa o al menos dar las gracias al cocinero antes de comer.

- Mantener unos momentos de silencio antes de comer y pedirle a la familia que sea consciente de los colores y olores de los alimentos que tienen en sus platos.
- Realizar preguntas sobre la comida. Por ejemplo, ¿de dónde viene el pan? ¿Cuántas personas imaginas que han tenido que ver con el hecho de que esté en la mesa?
- Probar una nueva comida realizando el ejercicio básico de comer atentos con toda la familia (este ejercicio puede encontrarse al final del capítulo 1 y en la grabación de audio, en la pista 2). Una tienda de comida oriental o india es un buen lugar para buscar frutos o galletas inusuales.
- Investiga un poco y cuenta algo de la historia de una fruta o comida nuevas.
- Habla a tus hijos de las siete hambres.
- Respeta sus apestatos naturales y no les fuerces a comer algo nuevo. Al mismo tiempo, anímales a probar al menos un bocadito de una nueva comida y que te cuenten lo que ven, huelen, saborean y sienten en sus bocas.
- Relájate, diviértete y muestra curiosidad junto a tus hijos mientras coméis.

5. Cultivar la gratitud

Es una ironía que en los países en los que abunda la comida, es donde sea más común la falta de armonía con los alimentos y el comer. Los estadounidenses parecen estar especialmente desequilibrados y mantener una relación a menudo negativa con la comida. En la década de 1990, se formó un equipo de investigadores dirigidos por un psicólogo estadounidense y un sociólogo francés para realizar un estudio sobre actitudes interculturales hacia la comida. Investigaron a personas de los Estados Unidos, Francia, la Bélgica flamenca y Japón. Descubrieron que los estadounidenses eran los que más asociaban la comida con la salud y menos con el placer. Por ejemplo, cuando se les preguntaba qué se les ocurría cuando oían las palabras "pastel de chocolate", lo más probable es que contestasen "culpabilidad", mientras que los franceses hablaban de "celebración". Las palabras "crema de leche" suscitaban "malsano" en boca de los estadounidenses, y "montada" en los franceses. Los investigadores descubrieron que los norteamericanos se preocupan más de la comida, obteniendo menos placer que los habitantes de cualquiera de los otros países examinados.[1]

El acceso a cantidades de información cada vez mayores sobre comida y salud parece estar consiguiendo que nos sintamos todavía más temerosos y alterados. Un paciente desesperado me dijo en una ocasión:

> «Estoy obsesionado con la comida porque sé demasiado. No puedo comer pez espada a causa de los elevados niveles de mercurio que contiene. Los tomates y patatas podrían agravarme la artritis. He oído que los cacahuetes pueden estar contaminados con hongos tóxicos, y que el tofu y los productos de soja contienen demasiados estrógenos, y eso tal vez disminuiría mi deseo sexual. Si me pongo a pensar en el impacto de mis hábitos alimentarios en el entorno, y como únicamente de temporada, acabo con poca comida. También me preocupa que los escasos alimentos que pudiera comer acaben teniendo algún problema oculto del que todavía no me haya enterado».

Una angustia tan generalizada sobre los alimentos y el comer es una enfermedad que solo padecen los que viven en una sociedad rica. No es una enfermedad del cuerpo, sino de la mente. Está alimentada por una sobrecarga informativa, provocada por escuchar a científicos y publicistas en lugar de aprender a escuchar su propio cuerpo.

Cuando enseñé en un país pobre de África, el alimento básico en las casas y en la cafetería de nuestra universidad era unas gachas de espesa harina de maíz apiladas en una bandeja con una cucharada de salsa de cacahuete o de verduras por encima. Si eras rico, podías añadir algunos trocitos de carne o pescado a la salsa. Eso es lo que se comía cada día. Si podías comértelo dos o tres veces al día, entonces eras rico. Nunca conocí a nadie con hábitos alimentarios perturbados. Estaban alegremente agradecidos de poder comer ese día.

De alguna manera, cuando se tiene demasiado parece que le suceda algo a nuestro sentido de la gratitud; y cuando perdemos el contacto con la gratitud, nos sentimos cada vez más insatisfechos con nuestras vidas. No obstante, podemos realizar varias prácticas que pondrán de manifiesto, en el centro de nuestro ser, una sencilla y humilde sensación de gratitud hacia nuestros alimentos y subestimados cuerpos.

Gratitud hacia el cuerpo

La mayoría de nosotros no valoramos nuestros cuerpos ni la buena salud. De hecho, en realidad no nos sentimos "sanos" hasta que caemos enfermos. Si hemos guardado cama a causa de un resfriado o una gripe, demasiado débiles para poder incorporarnos o con demasiadas náuseas como para poder comer, nos parece un milagro empezar a recuperarnos. Durante unos días nos parece una maravilla poder andar, tener apetito y disfrutar de los olores y sabores de los alimentos. Si hemos sufrido y el dolor desaparece, nos tornamos eufóricos. Pero no pasa mucho tiempo antes de que volvamos a esperar que nuestro cuerpo funcione bien porque sí, a que haga lo que le pedimos que haga, eficazmente y sin sentir molestias.

Cuando alguien que tiene nuestra edad se pone gravemente enfermo o muere, se descorre el velo de la negación, abriéndonos los ojos a la impermanencia de la salud y la vida. Durante un instante nos damos perfectamente cuenta de que la salud y la vida son dones temporales, aunque lo volvemos a olvidar con rapidez. Cuando nos olvidamos volvemos a caer en la vieja irritación contra el cuerpo si no funciona perfectamente. ¿Por qué de repente oigo mal? ¿Por qué me duele la espalda? ¿Por qué yo tengo alergias y otra gente no? ¿Por qué se me arruga la piel tan pronto? ¿Por qué he ganado peso?

Por lógica sabemos que es inevitable que el cuerpo no funcionará perfectamente bien todo el tiempo y que caeremos enfermos. Es fácil dejarse arrastrar por una actitud crítica y ansiosa sobre el estado del cuerpo, o de partes de él, cuando no está a la altura de nuestras expectativas.

Cuando pillo un resfriado, a menudo tengo una sensación de impaciencia, y está esa voz interior que me cuchichea acerca de la estupidez de mi propia profesión médica porque no puede inventar un tratamiento para una afección tan común. Hay otras voces que intentan desesperadamente encontrar la razón de que me resfriase. ¿Me estornudó encima un paciente enfermo? ¿Me olvidé de tomar las vitaminas? ¿Perjudicó el estrés al sistema inmunitario? ¿Qué pasa conmigo, me pregunta, para haberme puesto enferma?

La respuesta es que no pasa nada. Que el cuerpo enferme simplemente quiere decir que eres un ser con un cuerpo. Es fácil molestarse con el cuerpo cuando pillamos un resfriado, o tenemos indigestión, estreñimiento, sensibilidad a ciertos alimentos, gases, síndrome de colon irritable, anorexia, bulimia, diabetes, presión alta, asma, reflujo ácido, o cuando ganamos peso. Entonces sentimos que el cuerpo nos ha traicionado.

Tal vez no seamos conscientes de la irritación o la cólera que sentimos hacia el cuerpo, pero él si lo es. Si una enfermedad o incapacidad se alarga demasiado o se torna crónica, entonces puede que bañemos constantemente el cuerpo en la energía negativa de nuestro malestar. Si los seres vivos, incluyendo a los niños, las mascotas, las plantas y nuestros propios cuerpos, quieren medrar y prosperar para alcanzar su máximo potencial, es vital una atmósfera de amor y afabilidad. Cuando varias partes del cuerpo tienen problemas, lo que necesitan es ayuda y cariño suplementarios, no críticas.

En realidad, lejos de fallarnos, el cuerpo realiza una tarea asombrosa. Millones de células en docenas de órganos funcionan constantemente, día y noche, sin pausa ni descanso, durante la totalidad de nuestra vida. El pensamiento es energía y los pensamientos negativos («odio mis muslos regordetes», «odio tener dolor de cuello», «odio mis dientes torcidos») tienen un efecto negativo. Todas las cosas vivas se marchitan bajo la energía de la irritación y la cólera. Todas las cosas vivas prosperan con la energía de la benevolencia.

Existen herramientas que pueden ayudarnos a desarrollar

consciencia del cuerpo, a sentir y oír sus mensajes desde el interior, y luego a dirigir hacia él la energía positiva de gratitud y benevolencia. Esas meditaciones cuentan con el beneficio añadido de ayudarnos a sintonizar con las señales de hambre celular, y también con las señales corporales de saciedad y satisfacción.

Consciencia del cuerpo

El Buda enseñó la consciencia del cuerpo como una práctica fundamental, que daría buenos resultados a lo largo de toda la vida. Lo llamó meditar «en el cuerpo como cuerpo».[2] En la práctica budista occidental, solemos meditar de este modo llevando a cabo una “exploración del cuerpo”.

En nuestro monasterio Zen empezamos cada mañana con esta meditación. ¿Por qué? Durante la noche, el cuerpo y la mente se desconectan. El cuerpo está tendido en la cama, dormido, respirando y moviéndose por sí mismo. La mente está ausente, en sus mundos propios, soñando y recorriendo otros lugares y tiempos. Cuando nos despertamos, el cuerpo no está totalmente habitado por la mente, y nos sentimos algo torpes durante un poco de tiempo, hasta que ambos vuelven a ir al unísono. Para juntar cuerpo y mente de cara a la jornada, utilizamos cada mañana la función consciente de la mente a fin de llevar a cabo una meditación de exploración del cuerpo.

EJERCICIO

Meditación básica de exploración del cuerpo

Este ejercicio está incluido en la grabación de audio, en la pista 10. En esta meditación empezamos desde un extremo del cuerpo, o bien desde la coronilla, o bien desde la punta de los dedos de los pies, trasladando nuestra atención sucesivamente a través de cada parte del cuerpo. Utilizamos la mente como el rayo de una linterna, una luz que podemos dirigir hacia una zona tras otra.[3] Al concentrarnos en una zona, abrimos nuestra consciencia a todas las sensaciones que se manifiestan en ella, incluyendo:

1. temperatura (el espectro entre caliente y frío);
2. tacto (los numerosos contactos sobre la piel y en el interior del cuerpo, desde apenas apreciable a palmario);
3. presión (desde ligera a muy firme o incluso incómoda);
4. movimiento (una serie enlazada de sensaciones), y
5. la cualidad de una sensación (aguda o apagada, irritable o suave, constante o intermitente).

Llenamos nuestra consciencia de todas esas sensaciones. Al cabo de unos segundos o minutos, trasladamos el foco de la consciencia a la siguiente zona del cuerpo. La exploración del cuerpo puede realizarse rápidamente, barriendo el cuerpo durante la duración de una espiración. Y puede llevarse a cabo muy lentamente, en una hora o más para recorrer todo el cuerpo.

Cuando realices la meditación de exploración corporal, asegúrate de incluir los órganos internos, como pulmones, estómago, hígado y riñones, aunque en realidad no puedas sentirlos. Asegúrate de incluir el corazón y el cerebro.

Advierte cualquier aversión, irritación o repliegue de cualquier órgano o partes.

EJERCICIO

Meditación de la "mantequilla blanda" de Hakuin Zenji

El maestro Zen Hakuin (1686-1768) contrajo lo que denominó "enfermedad del Zen" como resultado de practicar meditación ferozmente, «dejando de lado la comida y el dormir». Conoció a un viejo ermitaño que le prescribió diversas prácticas que acabaron recomponiendo la salud de Hakuin Zenji. Una de ellas fue una variación de una exploración corporal, llamada meditación de la "mantequilla blanda". Estas son las instrucciones del ermitaño. Tal vez quieras seguirlas:

> «Imagina una bola de mantequilla blanda, pura y fragante y con la forma de un huevo de pato, encima de tu cabeza. Su aroma refresca sutilmente toda la cabeza, después, gradualmente, fluye a los hombros, pecho, pulmones, hígado, estómago e intestinos, y sigue hacia abajo por la espina dorsal hasta las caderas, la pelvis y las nalgas. Llegados a

ese punto, todas las congestiones que se hayan acumulado en el interior de los cinco órganos y las seis vísceras, todos los dolores y molestias en el abdomen, y otras partes afectadas del cuerpo, seguirán a la mente mientras esta se hunde hacia abajo, hacia la zona inferior del cuerpo. Mientras lo hace, escucharás claramente un sonido como de agua, descendiendo a través del cuerpo por las piernas, aportando una calidez beneficiosa, hasta alcanzar la planta de los pies, donde se detendrá.

»Luego el estudiante debe repetir esta meditación. Mientras su energía vital fluye en sentido descendente, va ocupando gradualmente la región inferior del cuerpo, llenándolo de una penetrante calidez, haciendo que se sienta como si estuviese sentado en una bañera de agua caliente hasta el ombligo, con una decocción de hierbas raras y fragantes que hubieran sido recogidas y preparadas por un experto galeno».[4]

EJERCICIO

Meditación de atención en el cuerpo con gratitud

Este ejercicio está incluido en la grabación de audio, pista 11. Es como la exploración básica corporal, pero con una diferencia. Después de concentrar la atención en una parte del cuerpo, y justo antes de pasar a la siguiente, hay que decir en silencio:

«Gracias (parte del cuerpo) por (rellenar el espacio en blanco)». Llena el segundo espacio con lo que te pase por la mente. Si no surgiese nada, no pasa nada.

Si, por ejemplo, has concentrado la atención en el pecho y los pulmones, te tornas consciente de todas las sensaciones que se manifiestan en esa zona. Eres consciente de esas sensaciones según se manifiestan, persisten y luego desaparecen. Descansa tu consciencia ahí durante todo el tiempo que desees.

Antes de pasar a otra parte del cuerpo, dices en silencio: «Gracias, pulmones por...», y te das un poco de espacio, haces una pausa. Compruebas si aparece algo en esa pausa. No te preocupes si no aparece nada. Imaginemos que lo que surge es: «Por respirar para mí durante todos estos años, incluso de noche, cuando duermo». Luego trasladas la atención de la mente a otra zona del cuerpo, quizás al corazón.

Al repetir este ejercicio, intenta incluir partes del cuerpo que hubieras pasado por alto en sesiones anteriores. Podría tratarse de órganos internos, como los intestinos, o de partes más pequeñas, como las pestañas.

Cuando practiques esta meditación presta especial atención a zonas del cuerpo en las que detectes alguna energía negativa. Incluye zonas del cuerpo que no te gusten, como arrugas, grasa abdominal o una nariz grande. Incluye partes del cuerpo que experimenten dificultades.

EJERCICIO

Meditación de atención en el cuerpo con benevolencia

Es como la exploración corporal, con una diferencia: al aportar atención o consciencia a cada parte del cuerpo, le enviamos benevolencia (**metta** o **maitri**). La práctica tradicional de **metta** implica decir en silencio las frases siguientes, dirigiéndolas en primer lugar hacia uno mismo y luego pasando al exterior, en círculos cada vez más amplios, hasta incluir todo el universo.

Que te liberes del sufrimiento.
Que tengas bienestar.
Que estés bien (o seas feliz).

En este caso dirigimos las frases hacia el interior, hacia las partes de nuestro cuerpo, los habitantes de nuestro universo interior. Estos son ejemplos de frases que podemos dirigir a las distintas partes del cuerpo al espirar (quizá quieras crear tus propias frases dependiendo del estado de tu cuerpo).

Que tú (nombrar la parte u órgano corporal), te liberes de la tensión y la aflicción.

Que tú (nombrar la parte u órgano corporal), disfrutes de bienestar.

Que tú (nombrar la parte u órgano corporal), estés bien (o seas feliz).

Gratitud por los alimentos

Cuando abunda la comida y la bebida, es fácil no tenerlo en cuenta. Cuando lo damos por sentado, es fácil dejar de prestar atención a lo que tenemos en el plato o en la boca. Cuando dejamos de prestar atención, dejamos de oler y saborear. Podríamos estar comiendo cartón. El cartón no resulta muy sabroso, por eso intentamos sacarle el gusto comiendo más. Cuando comer más no acaba de satisfacernos, lo intentamos aumentando la intensidad de las sensaciones gustativas. Empezamos con patatas fritas normales y acabamos con 100 variedades distintas que nos reclaman su atención desde los expositores de los supermercados. No podemos decidir: ¿me llevo las superfinas, las supergruesas, las arrugadas? ¿Con pimienta y sabor a lima, con sal de mar y vinagre, de jalapeño y queso, o de salsa y crema amarga? El pasillo de las bebidas produce la misma ansiedad a causa de todas las posibilidades en oferta. ¿Compro agua mineral de pozos artesanos o de manantial, de Colorado, California o Suiza? ¿Con sabor de frutas? ¿Azucarada? Y si elijo esa opción, ¿con qué? ¿Con azúcar, miel, fructosa, sirope, edulcorantes químicos o stevia?

¿Y dónde ha ido a parar el sabor del agua normal y corriente? Cuando tenemos sed de verdad, el agua normal sabe deliciosa. Cuando corre por nuestra boca seca nos llena de una felicidad sencilla. Esa felicidad es lo contrario de la ansiedad de la búsqueda infinita y nunca satisfecha. Imagina que llevas días sin poder beber nada. ¿No te sentirás agradecido a quien te tienda un sencillo vaso de agua? O imagina lo agradecido que te sentirías si tuvieses que cavar el pozo, afianzarlo con piedras y sacar el agua con la ayuda de un cubo. ¿No te sentirías agradecido por una rebanada de pan si tuvieras que plantar y arar el campo, sembrar y cultivar el grano, moler la harina, cortar y quemar la madera para poder hornear una hogaza?

Todos hemos conocido la calidez de ese tipo de gratitud sencilla por la comida y la bebida. ¿Cómo podemos recuperarla cuando la perdemos? En la actualidad, no es necesario que realicemos todos esos esfuerzos para poder llevarnos un trozo de pan a la boca, pero *hay alguien* que lo hace. Cultivar el recuerdo de esos innumerables seres, despierta nuestro sentido natural del agradecimiento.

En nuestro monasterio Zen cantamos versos cortos, o *gathas*, antes de las comidas. Uno de ellos es: «Setenta y dos trabajos nos proporcionaron estos alimentos. Debemos saber cómo llega hasta nosotros». Esto nos recuerda, por muy hambrientos que estemos, que debemos hacer una pausa antes de comer y reflexionar acerca de la energía vital que se empleó para que esos alimentos estuviesen en la mesa, frente a nosotros (tradicionalmente hay 72 trabajos que hay que hacer para mantener un monasterio, para tenerlo abierto y que sea accesible).

A través de mindfulness podemos prestar más atención a las cosas cotidianas. No dejarse engañar por los aspectos superficiales de las cosas es un aspecto de la sabiduría, ni siquiera de las cosas más ordinarias, esas con las que nos topamos tantas veces al cabo del día. Los alimentos son una de ellas.

Cuando practicamos el comer conscientemente podemos tomarnos tiempo para prestar atención a nuestra comida. Podemos apreciar los colores, formas y juegos de luces y sombras. Es una manera de alimentarnos a través de la vista. Sin embargo, también hay otra manera de prestar atención mientras comemos. Lo llamamos profundizar en la comida.

Para la mayoría de las personas que participan en nuestros talleres, su introducción al comer atentamente llega cuando se les instruye, paso a paso, en cómo comer una única uva pasa (*véase* capítulo 1). Luego proponemos un ejercicio diferente, con una única pasa. Profundizamos en la vida de esa pasa e intentamos ver todas las vidas con las que también ha entrado en contacto. A esto lo denominamos profundizar en nuestros alimentos. Este mirar profundamente implica un sentido diferente al de la vista. Implica ver con la mirada interior.

En Plum Village, el centro de práctica Zen creado por Thich Nhat Hanh, antes de las comidas, dicen: «En esta comida veo claramente la presencia de todo el universo sosteniendo mi existencia». El siguiente ejercicio nos ayuda a empezar a ver cómo puede ser eso de que todo el universo se halle presente y sosteniéndonos en nuestros alimentos.

EJERCICIO

Observar profundamente nuestros alimentos

Este ejercicio aparece en la pista 12 de la grabación de audio. Para realizarlo necesitarás una uva pasa.

Recoge la pasa y sostenla en la mano. Obsérvala con tus ojos físicos. Fíjate en los colores, formas, textura de la superficie, luces y sombras.

A continuación, imagina que puedes ver en la pasa y observar su historia. Es como presenciar una grabación sobre la vida de la pasa, pero rebobinando.

Por ejemplo, ves cómo fue a parar la pasa a tu mano. Ves de dónde salió antes de eso, tal vez de un tazón, y antes de eso, de una caja. Ves a la persona que abrió la caja y sacó las uvas. Ves a la persona que trajo las pasas y las puso en el estante de la despensa. Antes de eso ves la tienda y al dependiente que descargó las cajas del camión del reparto, que las abrió, poniendo el precio a las cajitas de pasas, para a continuación colocarlas en la estantería del colmado.

Luego, sigues al camión del reparto hasta la planta empaquetadora de uvas pasas, y después, das otro paso hacia atrás, hasta el proceso de secado de las uvas. Sigue rebobinando, observa con la mirada interior a todos los seres vivos –personas, animales y plantas– cuya energía vital fluyó a través de esta pasa para que llegase hasta tu mano. Cuando llegas a la planta procesadora de las uvas, preguntas de dónde llegó y continúa ampliando tu visión retrocediendo en el tiempo. Llega todo lo lejos que puedas, retrocediendo a través de parras y países ancestrales.

Ahora nos hacemos algunas preguntas:

- ¿Cuántas personas participaron en el hecho de que esa pasa llegase a tu mano?
- Si incluyeras a todos los animales, plantas, insectos, gusanos y organismos microscópicos que han tenido algo que ver con la vida de esa uva pasa, ¿cuántos crees que serían?
- ¿Cuánto retrocede en el tiempo la vida de esta pasa? ¿Dónde se originó el carbono, el hidrógeno y el hierro que contiene la pasa? Así pues, ¿qué edad tiene esta pasa?
- Ahora considera la energía vital de todos los seres que contribuyeron a la vida de la pasa y que, al comerla, también han contribuido a la tuya.
- ¿Cómo puedes devolvérsela a todos? Piénsalo antes de seguir leyendo, y si estás en un grupo, plantea la cuestión.

Una respuesta sería comiendo con atención. Cuando comemos y profundizamos en los alimentos, nuestros corazones se acercan a las numerosas formas de vida que son sacrificadas a diario para que nosotros podamos vivir con abundancia. ¿Cómo podemos devolvérselo? Estando vivos para ellos y para los alimentos que comemos, que ellos nos han proporcionado. Enviándoles energía de benevolencia. Observando profundamente nuestros alimentos y permitiendo que la gratitud se manifieste de manera natural.

EJERCICIO

Benevolencia hacia los seres que nos proporcionaron estos alimentos

Manteniendo en la consciencia del corazón y la mente los incontables seres cuya energía vital fluye en ti al comer, envíales benevolencia. Al espirar, di en silencio: «Que estén bien. Que coman y estén satisfechos. Que sean felices».

6. Conclusión: qué nos enseña el comer atentos

Cuando convertimos el comer atentos en una parte normal de nuestras vidas, nos beneficiamos de muchas maneras. No solo adquirimos un mayor equilibrio y satisfacción con la comida, sino que también podemos descubrir algunas de las lecciones más valiosas de la vida. En este capítulo exploraremos algunas de las profundas lecciones y enseñanzas que fluyen a partir del comer con atención.

No pasa nada si te sientes vacío

¿Crees que hay algo malo en sentirse hambriento? ¿Guardas reservas de comida en tu bolso o cartera, en el coche, en un cajón de la oficina, por si el estómago te da un retortijón de hambre? Yo sí. Llevo unos caramelos de menta en el bolso desde hace tres años, cubiertos de pelusa, y también una barra energética rancia, en caso de que mi avión se estrelle y acabe en una isla desierta o me secuestren unos terroristas, que serán tan maleducados que se olvidarán de alimentarme regularmente.

En esta cultura da la impresión de que nos molesten esa colección de sensaciones que denominamos hambre o sed. Siempre tenemos una bebida a mano. No hacemos más que picar a lo largo del día. Decimos: «En realidad, no tengo mucha hambre», y nos metemos una comida entera, a fin de asegurarnos de que más tarde no sentiremos hambre. Cuando nos tornamos conscientes de la intensa energía que subyace a este comportamiento constante de llenarse, no tenemos más remedio que plantearnos una pregunta:

¿Estoy dispuesto a sentirme vacío?

No se trata únicamente de una pregunta acerca de cómo se siente el estómago cuando llevas una hora sin comer. También es una pregunta que tiene que ver con toda tu vida.

Estudiemos esta cuestión de la vaciedad, primero a nivel físico. Comemos como si temiésemos sentirnos vacíos. Entre las tres comidas regulares, picamos y bebemos. Tal vez, los únicos momentos en que no estamos comiendo, bebiendo o al menos pensando en comer o beber sean cuando hacemos el amor o dormimos.

¿De qué tenemos miedo? ¿Tememos las sensaciones de una boca vacía? ¿O las sensaciones de un estómago vacío? Hay una práctica muy interesante de comer con atención que consiste en percibir la aparición de las sensaciones físicas a las que denominamos hambre y sed, y luego observar los impulsos que surgen rápidamente («¡haz algo!») para cambiarlas. Cuando tenemos sensaciones de vacío, normalmente intentamos ponerles fin rápidamente. Nos detenemos en una tienda, vamos a comer a un local de comida rápida o nos tomamos un descanso para un café.

Recuerdo un tiempo en que los norteamericanos consumían tres comidas separadas al día. Cuando comías, te sentabas a la mesa y hablabas con otras personas. Existían intervalos claramente marcados de hasta cuatro o seis horas en los que no se comía, y ni siquiera se bebía. Cuando acababas una comida, volvías al trabajo, a los deberes escolares o a jugar. Las escuelas y oficina no contaban con máquinas expendedoras. La mayoría de los niños se traían la comida de casa. Si tenías "suerte", tenías dinero para comprar una comida caliente a las corpulentas camareras de la cafetería con uniformes blancos, zapatos cómodos y redecillas negras para el cabello.

Picotear, el fenómeno de estar comiendo continuamente, no existía. No lo alentaba el entorno, el hogar, el trabajo o el colegio.

Cuando más mujeres empezaron a trabajar fuera de casa y la comida envasada empezó a ser común, en los expositores de supermercados y colmados aparecieron raciones individuales de tentempiés. Los niños no tardaron en descubrirlas, gracias a la televisión, y empezaron a querer barras energéticas, paquetitos de gallegas, bolsas de patatas y los vasitos individuales de gelatina de colores que «todos los demás niños» consumían. A menos que una madre fuese pobre o consciente de lo que era una buena alimentación, los niños acababan consiguiendo sus piscolabis empaquetados.

Recuerdo cuando los coches no disponían de bandejas para los tentempiés ni portavasos. Una vez que los piscolabis empaquetados se convirtieron en algo común y los paquetes pudieron meterse en una mochila, una guantera o un bolso, la comida estuvo ya siempre a mano, y empezó el picoteo. Cuando lo de picar entre horas empezó, comenzamos a sentirnos incómodos con las sensaciones de una boca que no había comido nada y un estómago que tampoco contenía nada. Una vez que surgieron por todas partes los restaurantes de comida rápida por los que podías pasar hasta en coche, pudimos evitar que el hambre se manifestase mientras recorríamos el camino entre casa y el trabajo. Una vez que los supermercados introdujeron mesas junto a la sección de charcutería, pudimos evitar cualquier sensación de hambre que surgiese mientras estábamos de compras. Una vez que las botellas de agua individuales se convirtieron en una necesidad para sobrevivir al andar un par de manzanas, pudimos evitar las sensaciones de una boca en la que no habíamos introducido líquido alguno en los últimos cinco minutos.

Así pues, ha bastado una única generación para que los seres humanos desarrollásemos una nueva forma de sufrimiento. Se trata de una incomodidad, una agitación, una insatisfacción que se manifiesta cuando no comes ni bebes nada en media hora. A veces es posible detectar esta sensación de incomodidad si no tienes una lata de refresco o una taza con algún líquido caliente en la mano o una botella de agua al alcance. A veces es posible detectar esta sensación de incomodidad cuando te das cuenta de que te has quedado sin ningún tentempié en el cajón del escritorio. A veces es posible detectar esta sensación de incomodidad cuando vas conduciendo y descubres que no hay nada comestible en la guantera, ni ningún Starbucks en esa zona de la ciudad.

¿Te parece bien sentirte vacío? La mayoría de la gente contestaría: «No». Les gusta la sensación de saciedad en el abdomen. Resulta reconfortante. Al investigar el comer con atención, puede que descubran que cuando se sienten vacíos, aparece el miedo. Tal vez descubran que comen y beben todo el día a fin de evitar esa sensación. Son prisioneros del deseo que tiene la boca y el estómago de sentirse llenos.

No obstante, algunas personas responderían: «Sí, me gusta sentirme vacía». Para ellas, la sensación de vacío en el abdomen es agradable. La sensación de saciedad puede ser desagradable. Tal vez vomiten después de comer, o se pongan un enema para vaciar el estómago y deshacerse de la sensación de saciedad. Están prisioneras de la aversión a la sensación de estar llenas.

Otras personas podrían contestar: «No lo sé». No son conscientes de si su estómago o su cuerpo están indicando que tienen hambre. Comen según la hora que es, o bien cuando el resto del rebaño lo hace. Son prisioneros de la ignorancia.

Como ya dije antes, la primera Noble Verdad del budismo es la universalidad del sufrimiento. Si eres un ser humano, hallarás sufrimiento en la vida. Mucha gente en los países desarrollados lo oye y piensa: «Esa verdad del sufrimiento no tiene que ver conmigo. No vivo en una zona de guerra y no estoy siendo torturado, ni paso hambre». Pero el sufrimiento del que habló el Buda es una experiencia a menudo mucho más sutil que el dolor agudo. Se trata de una sensación de insatisfacción, de la sensación persistente de que las cosas no son como deberían. Se trata de una sensación desagradable o irritante, que nos impele a movernos, a hacer algo, a distraernos, a comer o beber lo que sea, a hincharnos de comida, a vomitar... a fin de que desaparezca la sensación de in-disposición.

Alejarnos y crear distracciones no son soluciones a largo plazo para esa sensación de que algo no está bien. Se trata de una sensación basada en la verdad. Debe ser abordada. Comer, beber, darse a las drogas o el alcohol, rondar el peligro o cortejar un nuevo amor son remedios rápidos que producen un alivio temporal de esa in-disposición fundamental, la intuición de que las cosas no son como podrían o deberían ser. El verdadero origen de la insatisfacción es espiritual, y por ello, la única cura de verdad que funciona es también espiritual.

Ahora es necesario que nos planteemos la pregunta «¿Estás dispuesto a estar vacío?», desde el punto de vista espiritual. En primer lugar, *somos* vacío, tanto si nos gusta como si no. Cada átomo de nuestro cuerpo está compuesto de vaciedad (en más de un 99%), habitada por partículas diminutas de energía (menos de un 1%). Además de nuestra vaciedad física tan real, también estamos vacíos en otra cuestión. Estamos vacíos de existencia independiente. No podemos existir sin que existan todos los demás seres. A veces nos sentimos superados por la multitud de “otros” y nos gustaría que desapareciese todo el mundo, pero si eso sucediera, nosotros también nos iríamos. En esencia, estamos compuestos de nuestras interacciones con todos los demás seres. Somos como una pompa de jabón en medio de una enorme masa de pompas de jabón. Estamos compuestos de vaciedad y de nuestras intersecciones e interacciones con el resto de los seres. Y lo mismo vale para ellos.

Estar dispuesto a ser, a estar, vacío es sincronizar con una verdad fundamental de nuestro ser.

Consideremos el vacío de otra manera. Podemos concretar la pregunta del siguiente modo: «¿Estás dispuesto a no hacer nada? ¿A sentarte o tenderte sin hacer nada?».

Existe un ritmo natural característico de toda vida: el eterno vaivén del océano, el crecer y menguar de la luna, el inspirar y espirar universal de todas las criaturas vivas, el latido regular de nuestros corazones. La vida depende de esta alternancia incesante. Si siempre fuese de noche o si el corazón no pudiera relajarse después de contraerse, la vida finalizaría. La espiración es tan importante como la inspiración. Vaciar es tan importante como llenar. Lo sabemos en relación a la respiración, pero nos hemos olvidado de ello en lo tocante al estómago. Y también en relación con la mente.

Cuando comemos y bebemos continuamente, el estómago y el resto de los órganos digestivos carecen de todo descanso. Cuando nunca nos permitimos tener hambre de verdad, disminuye nuestro disfrute de los alimentos. ¿No resulta irónico? Creemos que comiendo más disfrutamos más de comer, pero no es así. La verdad es que cuando más disfrutamos es cuando nos permitimos estar verdaderamente hambrientos y nos tomamos el tiempo necesario para comer lenta y atentamente.

De igual manera, cuando pensamos continuamente, nuestras mentes no acaban de descansar. En este caso, también es de igual importancia vaciar que llenar. Las intuiciones que pueden cambiarnos la vida surgen en una mente sosegada y abierta. Lo mismo vale para los descubrimientos científicos. Arquímedes comprendió la ley de equilibrio de los cuerpos flotantes al entrar en el baño; Newton dio con la fuerza de la gravedad mientras descansaba bajo un manzano. La ecuación de la relatividad relampagueó en la mente de Einstein mientras observaba el paso de un tren. También surgen de la misma manera las realizaciones espirituales, en el espacio receptivo de una mente sosegada y atenta. Este vaciado es la esencia de concentrarse en la oración o la meditación. Dios no puede llamar si la línea comunica.

¿Por qué nos asusta una mente tranquila y vacía? Una razón es que creemos que nuestro valor en la vida, que incluso nuestra supervivencia, depende de ser productivos, de producir pensamientos. En realidad, la salud mental, la creatividad y la productividad dependen de vaciar y descansar la mente, al menos parte del tiempo. Lo mismo ocurre con la salud espiritual.

¿Por qué nos asustan tanto una boca y un estómago vacíos? Porque creemos que nuestra supervivencia depende de estar llenos. En realidad, tener buena salud y disfrutar de una larga vida depende de dejar que la boca y el estómago estén vacíos y descansen.[1] Los médicos tibetanos recomiendan dividir el estómago en cuartos: un cuarto para la comida, dos cuartos para líquidos, y un último cuarto que debe permanecer vacío. Vuelve a surgir la pregunta: *Por el bien de nuestra salud física, mental y espiritual, ¿estamos dispuestos a estar vacíos?*

EJERCICIO

Experimentar la vaciedad en el cuerpo y la mente

Este ejercicio aparece en la pista 13 de la grabación de audio.

1. Siéntate en meditación por la mañana, antes de comer o beber nada (está bien si te cepillas los dientes o das unos sorbos de té o agua, pero no una taza o un vaso enteros).
2. Dirige la atención a la respiración, dondequiera que sientas las sensaciones de la respiración con mayor claridad.
3. Dirige la atención al cuerpo.

- ¿Hay lugares en el cuerpo que se sienten vacíos?
- Esas sensaciones de vacío, ¿resultan agradables, neutrales o desagradables?
- ¿Surgen impulsos de cambiar las sensaciones de vacío en el cuerpo?
- ¿Hay lugares en el cuerpo que se sienten llenos?
- Esas sensaciones de saciedad, ¿resultan agradables, neutrales o desagradables?

- ¿Surgen impulsos de cambiar las sensaciones de saciedad en el cuerpo?

4. A continuación, dirige la atención a la mente. Imagina la mente como una habitación grande y vacía. Los pensamientos se acumulan de manera natural en la habitación como hojas secas entrando en un almacén vacío. Te interesa mantener la habitación limpia y vacía durante un rato.

Imagina la espiración como un viento o un soplador de hojas silencioso. La espiración dispersa los pensamientos según se van acumulando y los echa de la habitación. La habitación retorna a su estado original, vacío y tranquilo.

¿Cómo son las sensaciones de una mente vacía como una gran habitación? ¿Agradables, neutrales o desagradables? ¿Surgen impulsos de cambiar la consciencia de una mente vacía?

Los deseos son inagotables

A lo largo del día surgen en nuestra mente muchos y obvios deseos: el deseo de dormir más, de una taza de café, de vaciar la vejiga, de desayunar, de conducir superando el límite de velocidad para llegar a tiempo al trabajo, o de no ir a trabajar. Hay deseos menos evidentes y cuya detección resulta más difícil, hasta que nos pasamos un día en serena contemplación o meditación y se abre algún espacio alrededor de nuestros pensamientos. Entonces es cuando presenciamos un desfile de deseos sutiles en nuestra mente: deseo de reír, de toser, de rascarnos, de comernos un dónut, de movernos, de estar inmóviles, de un helado, de compañía. Incluso podemos observar la aparición del deseo de pensar.

Si todo el mundo actuase dependiendo de sus deseos, el mundo sería un caos. Muchas personas solo mantienen controlados sus deseos a causa de las leyes y amenazas de castigo. Quienes son más conscientes comprenden que controlar los deseos es algo que les concierne personalmente. Reconocer, controlar y recanalizar los deseos son las tareas esenciales de alguien que trabaja conscientemente para realizar su propio potencial y que desea vivir en armonía, tanto en el interior de su propio cuerpo como en el cuerpo social más amplio. Es algo aplicable tanto si esperan realizar su potencial como músicos, atletas, o como seres iluminados.

Uno de nuestros cantos diarios en el monasterio dice: «Los deseos son inagotables. Hago el voto de ponerles fin». Se trata de uno de los cuatro grandes votos del *bodhisattva*, alguien comprometido a acabar con el sufrimiento de todos los seres. ¿Pero qué seríamos sin deseos? Los deseos nos mantienen vivos como individuos y como especie. Sin deseo de alimento y bebida moriríamos. Sin deseo de intimidad, no habría familias, ni comunidades. Sin deseo de sexualidad, no moriríamos, pero tampoco habríamos nacido; en un siglo, la raza humana desaparecería. Sin el deseo de iluminarnos, no habría existido el Buda; sin el deseo de unión con Dios, no habría Cristo ni Mahoma alguno. El deseo no es inherentemente malo o pecaminoso. El deseo es simplemente una energía. Y al igual que cualquier otra energía puede utilizarse de modo sano o malsano.

El problema no es el deseo, sino si podemos reconocer su aparición y dirigir su energía hábilmente. Cuando podemos darnos cuenta, nos detenemos, y luego elegimos no seguir un deseo malsano; nuestro condicionamiento va disminuyendo poco a poco y pierde su dominio sobre nosotros. Hemos podido identificar el deseo, pero no nos hemos dejado distraer por él. De este modo, poco a poco nos vamos liberando de la prisión de los deseos inagotables.

El deseo es temporal

Comer atentos también nos ayuda a devenir conscientes de la impermanencia de los deseos. Todos los deseos surgen, persisten durante un tiempo y luego desaparecen. La desaparición puede llevar segundos o semanas. ¿Recuerdas la ventana del deseo de los dónuts Krispy Kreme que se abrió en mi mente? En ese momento parecía fundamental conseguir uno, pero al cabo de unas semanas ese deseo se disolvió y no volvió a aparecer. Durante muchos años mantuve un deseo apremiante de chocolate, hasta que dicho chocolate empezó a provocarme llagas en la boca. Y tras muchos dolorosos intentos, el deseo se apagó, para no volver a encenderse. A lo largo de los últimos años he observado que el deseo de algunos tentempiés aparecía, cobraba intensidad y desaparecía. Una lista parcial de estos incluiría el regaliz negro, los *crackers* japoneses de cacahuete, los pomelos rojos, las Sun Chips originales, las natillas, el queso *brie* a la pimienta o las galletitas saladas, los pasteles de luna de semillas de loto y los polos *caffe-latte* de See's. Leer la lista hace que me ría de lo absurdo de esas pasiones temporales. Cuando observamos una y otra vez la manera en que la pasión del último mes se ha convertido en el desinterés o incluso la repulsión del año, podemos observar el fenómeno de la aparición de nuevos deseos y no dejarnos absorber por ellos.

Una mujer que intentaba comer atenta por primera vez en uno de nuestros talleres, exclamó después: «¡Qué grande me pareció la boca!». Y así es. Las zonas del cerebro que procesan la sensibilidad de labios, lengua y boca son desproporcionadas con respecto al resto del cuerpo (mucho mayores que las zonas dedicadas a todo el pecho o la espalda, por ejemplo). Nuestra enorme boca está repleta de receptores sensoriales, y le encanta estimularlos. Cuando los receptores sensoriales son estimulados nos sentimos muy vivos. El intenso martilleo musical de una banda de rock, perder el resuello tras atizarse una dosis de jalapeños, el sobresalto de un descenso repentino en la montaña rusa, el subidón de adrenalina de una película de horror o el patetismo de una telenovela, el golpe de azúcar de un Big Gulp... Los seres humanos andamos tras ese tipo de emociones. Reafirman que estamos vivos.

El problema surge cuando la búsqueda de esas intensidades

proporciona la razón para *estar* vivo. La mayoría de las personas no saben por qué viven. Nunca han considerado cuál es el propósito esencial de su vida, ni cómo lograrlo. Miran películas y culebrones en busca de un modelo acerca de lo que debería ser una vida humana "normal", y descubren que su propia vida palidece en comparación con los intensos altibajos emocionales y los extraños sucesos vitales que experimentan los que aparecen en la pantalla. Olvidando que se trata de actores que lo que hacen es seguir un guión en un decorado artificial, la gente siente que debe introducir esa misma intensidad en su vida, porque si no lo hacen habrán fracasado en la vida.

Disfrutamos comiendo porque disfrutamos de la estimulación de los órganos sensoriales. A nuestros ojos les gusta ver comida, a nuestra lengua le gustan los sabores y las texturas, e incluso a los oídos les encanta los sonidos al masticar cosas crujientes. El budismo considera que la mente también es un órgano sensorial. Es una sorpresa para muchos. Se trata de un órgano sensorial que recoge las entradas del resto de órganos, y que también percibe el pensamiento. A la mente le gustan los pensamientos sobre comida, le gusta leer recetas, le gusta imaginar la siguiente comida o el siguiente tentempié.

Los problemas aparecen cuando nuestro complejo cuerpo-corazón-mente no está satisfecho con una cantidad de comida o bebida saludable porque quiere más estimulación, más placer. Se trata de un tema fundamental en el comer atentos. Cuando comemos atentos reconocemos que aunque la boca o la mente pequeña piden más placer sensorial, o que el dolorido corazón desea más friegas, el resto de nuestro ser puede elegir acerca de qué hacer con esas demandas.

El Buda denominó "amansar" a este proceso. Amansar no implica control rígido. El Buda intentó aplicar el control rígido a la comida y casi se muere de hambre. En la primera parte de su vida intentó lo contrario, una vida llena de complacencia con los placeres sensoriales, incluyendo la comida. Eso no le proporcionó salud ni felicidad. Aconsejó la sabiduría del camino intermedio. El camino intermedio no es un camino derecho ni fácil. Nos tambaleamos al recorrerlo, inclinándonos a un lado y luego al otro. Cuando perdemos el equilibrio y nos desviamos, mindfulness nos ayuda a darnos cuenta de lo sucedido, de manera que podamos rectificar el rumbo.

¿Cómo se aplica el camino intermedio al comer y a la comida? Enseña que los extremos son perjudiciales y no aportarán la calma en la vida que buscamos. Aconseja que el control rígido y la abnegación no son saludables y no conducen a la felicidad. Tampoco abandonarse a los deseos y hacer únicamente lo que resulta placentero. Un lado (el control estricto y la abnegación) está representado por la anorexia, la bulimia y las purgas. El otro lado (el abandonarse al placer) está representado en el comer demasiado y emborracharse. Hay un camino intermedio con los alimentos. No es un conjunto de reglas estático y fijo. Para poder aplicarlo a las circunstancias cambiantes de una vida humana debe ser dinámico y flexible.

En un principio puede parecer difícil. Tal vez podría dar la impresión de que es más fácil seguir unas reglas sin matices, tipo «el azúcar ni soñar», o «come siempre que lo desees». A veces el azúcar es necesario. A veces no deberíamos comer lo que nos gustaría comer.

Hace falta un tiempo para aprender a orientarnos por el camino intermedio. Necesitamos una brújula que señale hacia la salud y la felicidad, un mapa de enseñanzas espirituales, un grupo de apoyo y un guía. Y sobre todo, necesitamos mindfulness.

EJERCICIO

Observar los deseos

Tornarse consciente del deseo de comer y beber a lo largo del día. Por ejemplo, ¿está el deseo presente ya cuando te levantas por la mañana? Si no es así, ¿cuándo surge en la mente?

Sé consciente de los deseos más intensos («¡He de tomarme un café ahora mismo!») y de los débiles (el pensar en una **pizza** de camino a casa hace una breve aparición en tu mente durante una reunión de trabajo).

Crea un espacio al posponer pasar a la acción al menos con un deseo de comida o bebida. Observa cuánto persiste el deseo y fíjate en si se intensifica o debilita.

Sé consciente de cómo aparecen los deseos en la mente, cómo persisten y acaban desapareciendo.

Comer puede ser una actividad sacra

Una vez dirigí a un grupo de líderes religiosos en el ejercicio de comer una uva pasa con atención. Luego, un sacerdote católico se me acercó para describirme su experiencia de comer la pasa, de su boca inundada de sensaciones y de todo su cuerpo sumergido en alegría. Me dijo, con los ojos húmedos: «Eso es lo que me ha pasado siempre con la hostia en la Comunión, desde que hice la Primera Comunión siendo niño. Es un misterio asombroso. Parece mentira que un pedacito tan pequeño de comida esté tan repleto de tantos sabores sutiles y duraderos, ¡que resulte tan satisfactorio!».

Ese es el milagro de los panes y los peces, que una miga de pan y un sorbito de vino puedan dar tanto de sí y satisfacer el hambre de tanta gente. La clave de este tipo de satisfacción no radica en una comida en particular, ni en que esté bendecida. Cualquier cosa puede desencadenarlo: una flor de ciruelo cayendo del árbol, el sabor de una mora, el olor de hojas quemándose, un súbito rayo de luz atravesando una masa de oscuras nubes, las palabras de un carpintero judío o un vagabundo indio. Cuando algo abre el canal entre nuestro corazón y el misterio sacro que está presente en todo momento en nuestra vida, entonces nos alimentamos en la fuente de la verdad más profunda. Si resulta que sucede cuando comemos, entonces los alimentos físicos se convierten en alimento espiritual.

La comida que consumimos contiene la fuerza vital de innumerables seres, y nos es dada para que podamos vivir abundantemente. La miríada de seres de toda la creación siempre nos ofrece una vida de abundancia, pero la mayor parte del tiempo no somos conscientes de ello. El ritual católico de la Comunión, el ritual Zen del *oryoki*, pueden hacernos estar presentes, abrir nuestros sentidos a esa gran Presencia. Cuando estamos abiertos, un poco de pan ácimo o una sencilla pasa arrugada puede transformar, no solo nuestra experiencia de comer, sino toda nuestra experiencia acerca de qué es estar vivo.

Cuando era joven, las enseñanzas de la iglesia a la que acudía de pequeña me parecían opacas. No me bastaba con sentarme en los bancos y escuchar hablar de Dios. Lo que quería era la experiencia real de la presencia de Dios. Podía sentirla seductoramente cercana, al otro lado de un delgado velo. Mis maestros Zen me ofrecieron una herramienta de correr el velo, una herramienta que no estaba disponible únicamente para unos pocos, sino para todo el mundo. Me apunté a un retiro Zen silente de un fin de semana y, la primera noche, me enseñaron el ritual del *oryoki*. Empecé a seguir cada momento de la comida con tanta atención como pude. Un día, mientras bebía algo de zumo, seguí su camino por la boca, bajando por la garganta y entrando en el cuerpo, en las células, hasta llegar a los dedos de los pies. De repente me vi superada por la experiencia continuada de unidad. Eso era la Comunión, oculta a simple vista, oculta en la comida, en mi boca y cuerpo, y en las escrituras ¡también!

En el Zen llamamos "puerta dhármica" a algo que tiene el potencial de despertarnos a una verdad más profunda sobre la vida. Cada noche cantamos en el monasterio: «Aunque las puertas dhármicas son innumerables, hago el voto de entrar por todas ellas». ¿Por qué las puertas dhármicas son innumerables? Porque están en todas partes. Cualquier cosa puede ser una puerta a una verdad más profunda si podemos sentarnos perfectamente quietos y abrirnos de verdad a ella. En realidad, no hay puerta alguna, pero nuestras mentes confusas y distraídas nos presentan una convincente ilusión a base de muros y puertas cerradas, que impiden nuestro acceso al jardín del Edén. La "verdadera naturaleza" está abierta de par en par y es siempre visible. Pero desde el lado cotidiano de las cosas, nosotros apreciamos innumerables puertas. Cuando hacemos algo con atención, aumentamos el potencial de que esas puertas dhármicas se abran. Cuando una de ellas se abre, podemos tener muchas experiencias que anhelamos, pero que normalmente nos eluden: experiencias de lo sagrado, intimidad, unicidad, abundancia, gratitud, bienestar, y sencillamente felicidad. Comer puede devenir algo sacro porque puede convertirse, a través del comer atentos, en una puerta dhármica segura.

Todos comemos y bebemos, al menos varias veces al día. Eso significa que, pase lo que pase en nuestras ajetreadas vidas, contamos con varias oportunidades diarias para entrar en un espacio de búsqueda, de renovación, de sencilla felicidad. Cuando podemos descubrir felicidad en las actividades más básicas de nuestras vidas –respirar, andar, comer, beber y acostarnos para dormir–, descubrimos un antiguo secreto, el de cómo devenir felices de verdad y sentirnos cómodos en nuestra vida. Espero que continúes experimentando con las prácticas conscientes que aparecen en el libro y que descubras nuevos mundos de placer, abundancia y gratitud, todo lo cual está sin duda presente en la bebida de tu taza y en la comida de tu plato.

Resumen de consejos

En este libro hemos explorado mucha información y numerosas prácticas. Este es un rápido resumen de los puntos esenciales. Tal vez te ayudará el repasar esta lista de vez en cuando, mientras intentas convertir el comer atentos en parte de tu vida cotidiana.

- Comer atentos tiene que ver con abrir la percepción de la mente a nuestra comida y al cuerpo, antes, durante y después de comer.
- Comer con atención es imparcial.
- Consciencia es la clave para cambiar. Una vez que somos conscientes de algo, no puede seguir siendo igual. Ser conscientes, además de pequeños cambios en nuestros comportamientos automáticos, puede producir grandes cambios con el tiempo.
- Aprende a evaluar el hambre estomacal y celular antes de comer, mientras se come y después de comer.
- Si no tienes hambre, no comas.

- Permanece presente al menos los tres primeros bocados o sorbos al empezar a comer o beber.
- Come raciones pequeñas, teniendo en cuenta la "cantidad adecuada". Sírvete la cantidad de comida que te llenará en dos terceras partes.
- Come despacio, saboreando cada bocado. Halla maneras de hacer pausas mientras comes, como dejar los cubiertos sobre la mesa mientras masticas.
- Mastica la comida a conciencia antes de tragar.
- Sé consciente de las diferencias entre "ya no tengo hambre" y "estar lleno". No es necesario comer hasta estar "lleno". Come hasta estar lleno en dos terceras partes, luego bebe algo y descansa un poco.
- Comer atentos incluye comer distraído. Puedes elegir comer distraído cuando sea apropiado.
- Vaciar es tan importante como llenar. Es aplicable al estómago y a la mente.
- Consume una comida entera en silencio y conscientemente, al menos una vez a la semana.
- Sé consciente de que los alimentos cambian los humores y utilízalos como medicina. Ajusta la dosis; una pequeña cantidad puede funcionar mejor que mucha.
- Recuerda la ecuación energética: equilibra la energía que entra en el cuerpo con la que sale.
- Por encima de todo has de tener claro cuándo no es el cuerpo el que quiere ser alimentado, sino el corazón. Ofrécele el alimento que lo llene. Ese alimento puede ser

meditación u oración, jugar con una mascota, preparar la comida para alguien a quien quieres o que necesita ayuda, o simplemente sentarte y estar presente con los demás. Llena el corazón con la riqueza de este preciso momento.

- Da las gracias antes, durante y después de comer.

Dedicatoria del mérito

En la tradición budista concluimos los períodos de enseñanza y meditación con una corta dedicatoria del mérito en la que expresamos nuestra aspiración de que la tarea que hemos realizado no solo nos beneficie a nosotros, sino a todos los seres. En ese espíritu:

> Que todos nos liberemos de la ansiedad y el miedo respecto a la comida. Que estemos todos tranquilos. Que todos estemos contentos al alimentar este preciado cuerpo y mente. Que nuestros corazones sean felices y estén satisfechos mientras recorremos el camino de la iluminación.

Notas

Prólogo

1. Michael Pollan, «The Age of Nutritionism: How Scientist Have Ruined the Way We Eat», *New York Times Magazine*, 28 de enero de 2007.
2. Para un interesante debate sobre esta cuestión, *véase por ejemplo* Michael Pollan, *The Omnivore's Dilemma: A Natural History of Four Meals* (Nueva York: Penguin Press, 2006).
3. *Véase por ejemplo* www.cdc.gov/nccdphp/dnpa/obesity/trend/maps/.
4. *Véase por ejemplo* www.healthykitchens.org.
5. *Véase por ejemplo* la clínica Optimal Weight for Life (OWL) en el Children's Hospital de Boston, un centro multidisciplinar para el diagnóstico y el control del sobrepeso infantil; y David Ludwig, *Ending the Food Fight: Guide Your Child to a Healthy Weight in a Fast Food/Fake Food World* (Boston: Houghton Mifflin, 2008).

Capítulo 1: ¿Qué es comer atentos?

1. Para una bibliografía de investigaciones sobre los beneficios de la reducción del estrés basada en mindfulness, *véase* www.umassmed.edu/Content.aspx?id=42066.

Capítulo 2: Las siete clases de hambre

1. Brian Wansink, *Mindless Eating: Why We Eat More Than We Think* (Nueva York: Bantam, 2006), págs. 15-19.
2. *Ibíd.*, págs. 46-52.
3. *Ibíd.*, págs. 120-121.
4. *Ibíd.*, págs. 65-68 y 178-179.
5. *Ibíd.*, págs. 111-112.
6. Michael Pollan, «Our National Eating Disorder», *The New York Times Magazine*, 17 de octubre de 2004.
7. Daniel M. Bernstein, Cara Laney, Erin K. Morris y Elizabeth F. Loftus, «False

Beliefs about Fattening Foods Can Have Healthy Consequences», *Proceedings of the National Academy of Sciences* 102, nº 39 (27 de septiembre de 2005): págs. 13.724-13.731.

8. Un artículo de Susan Casey, «Plastic Ocean» (www.bestlifeonline.com/cms/publish/travel-leisure/Our_oceans_are_turning_into_plastic_are_we.shtml), describe los peligros con un detalle que pone los pelos de punta. *Véase también* Matt McGowan, «Uncovering Hidden Danger» (http://atmizzou.missouri.edu/jun03/plastics.html), que describe las investigaciones de Frederick vom Saal.
9. Wansink, págs. 104-105.
10. Myrna Goldenberg, «Cookbooks and Concentration Camps: Unlikely Partners» (www.jewishvirtuallibrary.org/jsource/Holocaust/cookbook.html). Una historia parecida aparece documentada en Cara de Silva, *In Memory's Kitchen: A Legacy from the Women of Terezin* (Northvale, N.J.: Aronson, 1996). Elizabeth Farnsworth entrevistó a De Silva sobre el libro para *The NewsHour with Jim Lehrer* el 17 de diciembre de 1996 (transcripción disponible en línea en www.pbs.org/newshour/bb/europe/december96/cook_12-17-html).
11. Canción de supervivencia, un documental en vídeo sobre las mujeres presas en Sumatra, producido en 2004 por Veriation Films, desarrollado a partir de un documental radiofónico del mismo nombre; *véase* Roger Emanuels, http://baymoon.com/~emanuels/sofs.html. La historia también aparece en Helen Colijn, *Song of Survival: Women Interned* (Ashland, Oregón: White Cloud Press, 1995).

Capítulo 3: Explorar nuestros hábitos y pautas con la comida

1. Brian Wansink, *Mindless Eating: Why We Eat More Than We Think* (Nueva York: Bantam, 2006), págs. 100-102.
2. *Ibíd.*, págs. 156-159.
3. Amy J. Sindler, Nancy S. Wellman y Oren Baruch Stier, «Holocaust Survivors Report Long-Term Effects of Attitudes toward Food», *Journal of Nutritional Education and Behavior* 36, nº 4 (julio de 2004): págs. 189-196.

Capítulo 4: Seis sencillas directrices para comer atentos

1. Dallas Bogan, «Foods of the Early Tavern and Household», *History of Campbell County, Tennessee* (www.tngenweb.org/campbell/hist-bogan/tavernfood.html).
2. Brian Wansink, *Mindless Eating: Why We Eat More Than We Think* (Nueva York: Bantam, 2006), págs. 46.
3. Gina Kolata, «Maybe You're *Not* What You Eat», *The New York Times*. 14 de febrero de 2006.
4. «First Research Confirms That Eating Slowly Inhibits Appetite», 15 de noviembre de 2006, www.physorg.com/news82810846.html.
5. Martha T. Conklin y Laurel G. Lambert, «Eating at School: A Summary of NFSMI Research on Time Required by Students to Eat Lunch», National Food Service Mana-

gement Institute, Universidad de Mississippi, abril de 2001 (www.schoolwellnesspo licies.org/resources/eating_at_school.pdf).

6. Anand Vaishnav, «School Lunches Are No Picnic: Longer Student Breaks Are Advocated», *The Boston Globe*, 6 de agosto de 2005.
7. Kellie Patrick, «Just No Time to Enjoy Lunch: More and More the Midday Meal Is a Student Option», *The Philadelphia Inquirer*, 18 de noviembre de 2006.
8. Wansink, p. 80.
9. National Catholic Rural Life Conference, www.ncrlc.com.
10. Ajahn Chah, *Food for the Heart: Collected Teachings of Ajahn Chah* (Boston: Wisdom, 2002), p. 236.
11. Lisa R. Young y Marion Nestle, «The Contribution of Expanding Portion Sizes to the U.S. Obesity Epidemic», *American Journal of Public Health* 92, nº 2 (2002): págs. 246-249.
12. Wansink, pág. 59.
13. *Ibíd*., págs. 66-68 y 175-177. *Véase también* Centers for Disease Control, National Center for Chronic Disease Prevention and Health Promotion, «Do Increased Portion Sizes Affect How Much We Eat?». Research to Practice Series nº 2, mayo de 2006 (http://www.cdc.gov/nccdphp/dnpa/nutrition/pdf/portion_size_research.pdf).
14. Lisa R. Young y Marion Nestle, «The Contribution of Expanding Portion Sizes to the U.S. Obesity Epidemic», *American Journal of Public Health* 92, nº 2 (2002): págs. 246-249.
15. Centers for Disease Control, National Center for Chronic Disease Prevention and Health Promotion, «Do Increased Portion Sizes Affect How Much We Eat?». *Research to Practice Series* nº 2, mayo de 2006. *Véase también* B.J. Rolls, D. Engel, L.L. Birch, «Serving Portion Size Influences 5-Year-Olds But Not 3-Year-Olds Chindren's Food Intakes», *Journal of the American Dietetic Association* 100 (2000): págs. 232-234.
16. Centers for Disease Control, National Center for Chronic Disease Prevention and Health Promotion, «Do Increased Portion Sizes Affect How Much We Eat?». *Research to Practice Series* nº 2, mayo de 2006.
17. Yasutani Roshi. «Precautions to Observe in Zazen», en *The Three Pillars of Zen: Traching, Practice, Enlightenment*, comp. por Philip Kapleau (Boston: Beacon Press, 1967), págs. 36-37.
18. Wansink, págs. 78-79.
19. *Ibíd*., p. 80.
20. *Véase* las investigaciones citadas en John Tierney, «Comfort Food, for Monkeys», *New York Times Science Times*, 20 de mayo de 2008, págs. 1 y 6.
21. Un estudio interesante es E. Epel, *et al*., «Are Stress Eaters at Risk for the Metabolic Syndrome?». *Annals of the New York Academy of Sciencies* 1032 (dic. 2004): págs. 208-210.
22. Para una presentación más amplia, *véase* Hal Stone y Sidra Stone, *Embracing Your Inner Critic: Turning Self Criticism into a Creative Asset* (San Francisco: HarperSanFrancisco, 1993).

Capítulo 5: Cultivar la gratitud

1. Rozin, P.C. Fischler, S. Imada, A. Sarubin y A. Wrzesniewski, «Attitudes to Food and the Role of Food in Life in the U.S.A., Japan, Flemish Belgium, and France: Possible Implications for the Diet-Health Debate», *Appetite* 233, nº 2 (1999): págs. 163-180.
2. Bhikkhu Nanamoli, trad., y Bhikkhu Bodhi, trad. y comp., *The Middle Length Discourses of the Buddha: A New Translation of the Majjhima Nikaya* (Boston: Wisdom, 1995). Sutta 10, «The Four Foundations of Mindfulness». «El cuerpo como cuerpo» es la primera de un conjunto de prácticas denominado los Cuatro Fundamentos de la Atención Plena. Viene seguida de la contemplación de las sensaciones como sensaciones (más sutiles que emociones, más parecidas a un tono sentimental), de la contemplación de la mente como mente y contemplación de los objetos mentales.
3. Existen diversas variaciones de la exploración corporal. Un maestro de la tradición tibetana hace que sus estudiantes imaginen un luminoso y benéfico líquido verde que va llenando gradualmente el cuerpo, llevándose todas las aflicciones cuando se derrama a través de los poros y se desborda por la coronilla de la cabeza.
4. Norman Waddell, trad., *Wild Ivy: The Spiritual Autobiography of Zen Master Hakuin* (Boston: Shambhala, 1999), págs. 105-107.

Capítulo 6: Conclusión

1. Hay estudios que demuestran que la restricción de calorías prolonga la vida en muchos animales y que tiene beneficios para la salud humana. Por ejemplo, *véase* Washington University School of Medicina, «Calorie Restriction Appears Better Than Exercise at Slowing Primary Aging», *Science Daily*, 31 de mayo de 2006 (www.sciencedaily.com/releases/2006/05/060531164818.htm).

Recursos

Organizaciones

The Center for Mindfulness in Medicine, Health Care, and Society at the University of Massachusetts Medical School. Fundado por el doctor Jon Kabat-Zinn, un pionero al acercar mindfulness a la medicina convencional y a la sociedad, el centro impulsa una conferencia anual donde se presentan las investigaciones realizadas en la reducción del estrés mediante mindfulness (MBSR, en sus siglas en inglés), incluyendo el uso de MBSR en trastornos alimentarios. *Véase* www.umassmed.edu.

The Center for Mindful Eating (TCME). Foro para profesionales interesados en el comer con atención, el TCME (Centro para comer atentos) identifica y ofrece recursos a profesionales que deseen ayudar a sus clientes a desarrollar una relación más saludable con los alimentos y el comer, y que quieran equilibrar esos aspectos con otros igualmente importantes de su vida. El Centro para comer atentos no fomenta un único enfoque del comer con atención, sino que está comprometido con el diálogo y con el compartir ideas, experiencias clínicas e investigaciones. *Véase* www.tcme.org

Lecturas y otras fuentes

Albers, Susan. *Eating Mindfully: How to End Mindless Eating and Enjoy a Balanced Relationship with Food*. Oakland, Calif.: New Harbinger, 2003. Este libro contiene muchos y útiles ejercicios basados en la enseñanza budista de los Cuatro Fundamentos de la Atención Plena. *Véase más* en www.eatingmindfully.com. [Versión en castellano: *Mindfulness y alimentación: como relacionarse con la comida de una manera equilibrada*. Barcelona: Ediciones Oniro, 2010.]

Altman, Donald. *Art of the Inner Meal: Foods for Thought and Spiritual Eating*. Los Ángeles: Moon Lake Media, 1998. Este libro se concentra en la base espiritual del comer atentos de muchas tradiciones religiosas e incluye cierto número de ejercicios prácticos. *Véase más* en www.mindfulpractices.com.

Gerrard, Don. *One Bowl: A Guide to Eating for Body and Spirit*. Nueva York: Marlowe & Company, 2001. Una guía para una manera asombrosamente sencilla de comer con atención y alimentar el cuerpo y el espíritu utilizando un cuenco.

Goodall, Jane. *Harvest for Hope: A Guide to Mindful Eating*. Nueva York: Warner, 2005. Una llamada de atención para aprender a saber de dónde viene nuestra comida y cómo nuestras elecciones al comer pueden tener profundos efectos sobre nosotros, otros seres y la Tierra. *Véase más* en www.janegoodall.com. [Versión en castellano: *Otra manera de vivir: cuando la comida importa*. Barcelona: Editorial Lumen, 2007.]

Kabatznick, Ronna. *Zen of Eating: Ancient Answers to Modern Weight Problems*. Nueva York: Berkeley, 1998. Escrito por un veterano meditador que también es psicólogo especializado en el control del peso, este libro muestra de qué manera las enseñanzas fundamentales del Buda –las Cuatro Nobles Verdades y el Óctuple Sendero– pueden aplicarse a los trastornos alimentarios. [Versión en castellano: *El Zen de la alimentación: respuestas milenarias para la salud de la mente y el cuerpo*. Barcelona: Ediciones Oniro, 1999.]

National Catholic Rural Life Conference. «Eating is a Moral Act» ("Comer es un acto moral"). Ofrece principios y conocimientos acerca de la ética del comer. Propone una serie de fichas sobre temas que incluyen los Derechos del Comedor, la dignidad de los granjeros y agricultores y la red de la vida. Texto disponible en www.ncrlc.com/cards.htm.

Roth, Geneen. *Feeding the Hungry Heart: The Experience of Compulsive Eating*. Nueva York: Plume, 1993; *When You Eat at the Refrigerator, Pull Up a Chair; 50 Ways to Be Thin, Gorgeous, and Happy When You Feel Anything But*. Nueva York: Hyperion, 1998. Roth ha escrito diversos libros sobre trastornos alimentarios con un estilo agudo, personal e inspirador. Un tema central es reconocer el hambre del corazón y alimentarla de forma apropiada. *Véase más* en www.gneenroth.com.

Tribole, Evelyn, y Elyse Resch. *Intuitive Eating: A Revolutionary Program That Works*. Rev. y comp. Nueva York: St. Martin's Griffin, 2003. Un libro sobre cómo alimentarse siguiendo los avisos del cuerpo en lugar de sucumbir a una mente contraproducente, confusa y crítica. *Véase más* en www.intuitiveeating.com. [Versión en castellano: *La dieta intuitiva: vuelva a descubrir el placer de comer y recuerde la línea*. Barcelona: Ediciones Obelisco, 1997.]

United States Conference of Catholic Bishops (Conferencia de obispos católicos de Estados Unidos). Declaración hecha en 2003: «Porque tuve hambre y me diste de comer». Reflexiones sobre cómo solucionar el hambre en la familia humana, sobre cómo asegurar la dignidad de los agricultores y cómo preservar la creación de Dios. Texto disponible en www.usccb.org/bishops/agricultural.shtml.

Wansink, Brian. *Mindless Eating: Why We Eat More Than We Think*. Nueva York: Bantam, 2006. Una fascinante compilación acerca de la investigación sobre cómo y por qué nuestra manera de comer está dirigida por claves y condicionamientos del entorno. Este libro es muy gracioso pero también muy sensato, sobre todo cuando te das cuenta de que comes de la misma manera descuidada que las personas objeto de esos experimentos. *Véase más* en www.mindlesseating.com.

Índice

Sobre la autora

La doctora Jan Chozen Bays es pediatra, profesora de Zen, esposa, madre y abuela. Lleva estudiando y practicando Zen desde 1973 y ha enseñado a comer atentos durante más de 20 años a personas y profesionales de la salud.

La doctora Bays trabaja en la actualidad en el Legacy Children's Hospital, en Portland, Oregón. Recibió formación Zen con el reverendo maestro Taizan Maezumi Roshi, y luego con Shodo Harada Roshi, abad del monasterio de Sogen, en Japón. Es coabadesa del Great Vow Monastery en Clatskanie, Oregón, y autora de los libros *Jizo Bodhisattva* y *How to Train a Wild Elephant*.

Para obtener más información, visite www.mindfuleatingbook.com.

Lista de pistas de audio

Para acceder al programa de audio de ejercicios guiados que acompaña a este libro, marque con el cursor en el siguiente vínculo: www.shambhala.com/comeratentos. Las pistas de audio son las siguientes:

1. Introducción (2:02)
2. Comer atentos: Meditación básica (9:40)
3. Pregúntale al cuerpo lo que necesita (3:00)
4. ¿Quién tiene hambre ahí dentro? Examinando las siete clases de hambre (8:07)
5. La comida y el estado de ánimo (10:03)
6. Más despacio (Suelta la cuchara o el tenedor) (3:05)
7. Comiendo lo justo (2:30)
8. Instrucciones básicas de meditación (4:38)
9. Amabilidad hacia el cuerpo (5:35)
10. Escáner corporal básico (5:37)
11. Meditación mindfulness de agradecimiento al cuerpo (5:12)
12. La comida y sus orígenes (6:40)
13. Vacío en el cuerpo y la mente (7:33)
14. Prácticas con la lengua (6:35)

Duración de la grabación: 1 hora y 20 minutos